OS **11** MAIORES CENTROAVANTES DO FUTEBOL BRASILEIRO

Proibida a reprodução total ou parcial em qualquer mídia
sem a autorização escrita da editora.
Os infratores estão sujeitos às penas da lei.

A Editora não é responsável pelo conteúdo da Obra,
com o qual não necessariamente concorda.
O Autor conhece os fatos narrados, pelos quais é responsável,
assim como se responsabiliza pelos juízos emitidos.

Consulte nosso catálogo completo e últimos lançamentos
em **www.editoracontexto.com.br**

Fotos:

Milton Leite

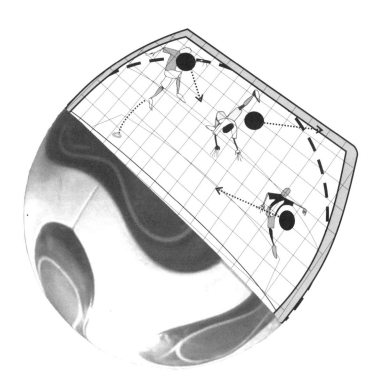

OS **11** MAIORES
CENTROAVANTES
DO FUTEBOL
BRASILEIRO

Copyright © 2010 Do autor
Todos os direitos desta edição reservados à
Editora Contexto (Editora Pinsky Ltda.)

Capa, projeto gráfico e diagramação
Sergio Kon/A Máquina de Ideias

Preparação de textos
Adriana Teixeira

Revisão
Flávia Portellada

Dados Internacionais de Catalogação na Publicação (CIP)
(Câmara Brasileira do Livro, SP, Brasil)

Leite, Milton
    Os 11 maiores centroavantes do futebol brasileiro / Milton
Leite. – São Paulo : Contexto, 2010.

    Bibliografia.
    ISBN 978-85-7244-474-3

    1. Futebol - Brasil - História 2. Jogadores de futebol - Brasil I.
Título.

10-02857   CDD-796.33426092

Índices para catálogo sistemático:

1. Brasil : Jogadores de futebol : Esporte
796.33426092

2010

EDITORA CONTEXTO
Diretor editorial
Jaime Pinsky

Rua Dr. José Elias, 520 – Alto da Lapa
05083-030 – São Paulo – SP
PABX: (11) 3832 5838
contexto@editoracontexto.com.br
www.editoracontexto.com.br

*Para Ana Cláudia,
mulher amada,
motivadora de um
dos gols fundamentais
que marquei na vida.
E armadora
de jogadas que eu só
tenho o trabalho de concluir
com o gol vazio.*

*Para Thalita, Clara e Gabriela,
minhas três filhas. Os
gols mais bonitos e importantes
que fiz neste jogo que
já dura mais de 50 anos.*

*Para meus pais
Mário e Nelly, que desde
as categorias de base da minha
existência mostraram
que honestidade, trabalho,
competência, humildade e solidariedade
são valores fundamentais
na vida de qualquer artilheiro.*

*Para Laura,
minha enteada.
Gol mais recente feito
quando a partida já parecia
decidida.*

Sumário

11   Apresentação

15   **CAPÍTULO 1**   Leônidas da Silva: Homem Borracha, eternizou a bicicleta

Entrevista: Luiz Mendes

37   **CAPÍTULO 2**   Ademir de Menezes: arrancadas inventaram o ponta de lança

Entrevista: Teixeira Heizer

57   **CAPÍTULO 3**   Vavá: atacante muito além do Peito de Aço

Entrevista: Zagallo

79   **CAPÍTULO 4**   Mazzola: o brasileiro que conquistou a Itália

Entrevista: Mário Travaglini

103   **CAPÍTULO 5**   Coutinho: artilheiro gordinho e melhor parceiro de Pelé

Entrevista: Pepe

125   **CAPÍTULO 6**   Tostão: meia vira centroavante na maior das seleções

Entrevista: Dirceu Lopes

149	**CAPÍTULO 7**	Reinaldo: contusões encurtam, mas não atrapalham reinado
		Entrevista: Toninho Cerezzo
171	**CAPÍTULO 8**	Roberto Dinamite: de craque tardio a rei dos Brasileiros
		Entrevista: Zico
191	**CAPÍTULO 9**	Careca: garoto faz festa do interior aos 17 anos
		Entrevista: Müller
215	**CAPÍTULO 10**	Romário: baixinho polêmico ganhou Copa (quase) sozinho
		Entrevista: Mauro Silva
237	**CAPÍTULO 11**	Ronaldo: goleador dos mundiais e seus muitos renascimentos
		Entrevista: Carlos Alberto Parreira

269 Bibliografia

271 O autor

Apresentação

Numa coleção que pretende eleger os 11 melhores (um time inteiro) em cada uma das funções de uma equipe, do técnico ao ponta-esquerda, a missão de eleger os centroavantes, convenhamos, é uma das mais delicadas. Afinal, não é por acaso que quase todos os clubes têm atacantes nos primeiros lugares de suas galerias de heróis. São eles que ficam marcados pelos momentos decisivos, pelos gols que valem títulos, pela paixão que nasce com uma conquista.

Um jogo de futebol pode ser tecnicamente muito ruim. Mas se terminar 5 a 4, certamente vai ser lembrado como "o jogo". Por isso mesmo, quando Carlos Alberto Parreira declarou que "o gol é um detalhe", a frase foi ironizada. Até porque foi tirada do contexto e o técnico está sempre ouvindo a repetição daquelas palavras como deboche. Por isso, selecionar os principais atacantes da história do futebol brasileiro é tarefa complicada e certamente vai gerar polêmicas.

Por onde começar? Por Charles Miller, um dos introdutores do futebol no país e centroavante de muitos gols nas primeiras competições amadoras em São Paulo? O termo "chaleira", inclusive, até hoje usado pelos torcedores e comentaristas, tem origem no nome dele, criador do movimento. Ou por Arthur Friedenreich, que passou dos 600 gols também no começo do século passado? Esta pode ser a primeira polêmica, mas preferi deixar os dois como menção honrosa neste texto de apresentação.

Avançando um pouco no tempo, preferi adotar a era do profissionalismo como ponto de partida. E os escolhidos teriam de ter projeção internacional. É por isso que Leônidas da Silva abre a lista. Ele foi artilheiro da Copa do Mundo de 1938 e ajudou o Brasil a conquistar seu primeiro resultado expressivo em termos mundiais, o terceiro lugar naquele torneio.

Com o ponto de partida definido, enumerar apenas mais dez foi torturante, tanto que o primeiro esboço terminou com mais de 20 nomes.

OS 11 MAIORES CENTROAVANTES DO FUTEBOL BRASILEIRO

A redução para 15 mostrou-se dolorosa e chegar a 11 foi quase impossível. Primeiro porque é muito complicado comparar épocas tão diferentes, distantes no tempo. Segundo porque o Brasil desfruta de tanta gente importante em clubes e seleções ao longo da história que certamente haverá muita reclamação porque esse ou aquele ficou de fora. Fui obrigado a buscar socorro e aumentei o colégio eleitoral de um para dez.

Qualquer um que monte uma relação assim, não levará em conta apenas critérios técnicos, conquistas, número de gols marcados. A memória afetiva é igualmente decisiva, pois momentos marcantes da vida de um amante do futebol acabam sendo vinculados a um ou outro goleador. Um exemplo pessoal: na minha infância, quando começava a me apaixonar e acompanhar o futebol, um atacante para mim era imbatível. Toninho Guerreiro, parceiro do Pelé no ataque do Santos, e que depois passou para o São Paulo e em seguida foi pentacampeão paulista (três vezes pelo Santos e duas pelo São Paulo). Toninho chegou a ser citado por algumas pessoas que consultei, mas esteve longe de empolgar aos demais como empolgava a mim – certamente era a minha memória afetiva falando mais alto. Igualmente ficou de fora Baltazar, o Cabecinha de Ouro, de quem sempre ouvi muitas histórias contadas pelo meu pai. E como deixar fora Heleno de Freitas, Quarentinha, Pagão, Evaristo de Macedo, Larry...? E até alguns menos votados, mas que certamente estariam em listas de muitas pessoas: Evair, Carvalho Leite, Serginho Chulapa, Claudiomiro, César Maluco, Silvio Pirilo... Não poderia ser "Os 22 melhores", ou os "30 melhores"???

Recorri a queridos amigos, todos jornalistas importantes, estudiosos de futebol. Pedi que cada um mandasse a sua lista – e a maioria deles não conseguiu parar em 11, quase sempre mandaram nomes em excesso. O que me tranquilizou, porque percebi que a dificuldade não era só minha. Por isso, antes de mergulharmos nos 11 perfis que estão no livro, agradeço as colaborações de Alberto Helena Júnior, Teixeira Heizer, Maurício Noriega, Fernando Calazans, Juca Kfouri, Tostão, Paulo Vinicius Coelho, Luiz Mendes e Lédio Carmona. Para minha satisfação, os mais votados em todas as listas estavam também na minha – e os votos deles serviram para aliviar a minha consciência na hora de fazer os cortes finais.

A partir daí, fazer a leitura de muitas biografias e a releitura de tantas outras, percorrer páginas e mais páginas da internet, rever filmes antigos, pesquisar em sites de clubes, em blogs de apaixonados, buscar estatísticas. Foram quase seis meses de um mergulho delicioso na memória do futebol brasileiro, na vida de tantos personagens de feitos espetaculares notórios e que no dia a dia de tantos jogos, muitas vezes acabamos esquecendo. Por exemplo: Mazzola é até hoje o maior artilheiro de uma só edição da Copa dos Campeões da Europa. Ronaldo, o maior artilheiro na história das Copas. Roberto Dinamite o maior goleador do Campeonato Brasileiro e do Campeonato Carioca. E Coutinho, titular do supertime do Santos com apenas 16 anos? Ou Romário dos mil gols?

Juntar todos eles em só volume talvez seja o grande mérito deste trabalho. Mesmo que falte um ou outro da preferência do leitor. Afinal, não há como contestar que os 11 que estão aqui são gigantes na arte de fazer gols. Em cada capítulo relatamos vários grandes momentos de todos eles, além de uma breve entrevista com alguém relevante na carreira de cada um dos centroavantes. Revelando pequenas histórias, relembrando intimidades. Em pouco mais de 200 páginas será possível perceber de maneira mais clara a grandeza do futebol brasileiro.

*   *   *

Merecem agradecimento especial não apenas os integrantes do meu colégio eleitoral de luxo, já citado. Muito obrigado aos entrevistados Luiz Mendes, novamente Teixeira Heizer, Mário Travaglini, Pepe, Zico, Carlos Alberto Parreira, Zagallo, Müller, Toninho Cerezo, Mauro Silva e Dirceu Lopes.

Outras ajudas foram igualmente importantes: muitas das informações que estão no livro puderam ser obtidas no arquivo do jornal *O Estado de S. Paulo*. Indispensável registrar a atenção de todos os funcionários do arquivo e a apoio que me deram os jornalistas Roberto Gazzi e Antero Greco. Bob Faria, da TV Globo Minas também colaborou de maneira decisiva.

CAPÍTULO 1

LEÔNIDAS DA SILVA

Primeiro craque do futebol
profissional no Brasil,
o Diamante Negro foi ídolo
no Flamengo e no São Paulo,
além de artilheiro e melhor
jogador da Copa de 1938,
na França.

Quando aquele negro baixinho jogava seu corpo para o ar, parecia impossível que um ser humano pudesse realizar tal movimento para golpear a bola. Eternizou a bicicleta. Mas não só isso: veloz, ágil, certeiro, Leônidas da Silva é considerado o primeiro craque brasileiro nos momentos iniciais do profissionalismo, nas décadas de 1930 e 1940. Para os mais jovens, algo muito distante, registrado por fotografias imperfeitas e raras, recortes de jornais e testemunhos dos que viveram aqueles tempos. Há quem compare o artilheiro da Copa do Mundo de 1938 com Pelé, eleito o maior de todos os tempos, astro de uma era midiática, na qual qualquer briga de condomínio fica registrada por uma câmera de segurança.

O jornalista Luiz Mendes, ainda em atividade aos 86 anos, é categórico: "Não sei se Leônidas foi melhor do que Pelé. Mas de uma coisa eu tenho certeza: pior ele não foi". Campeão carioca por três equipes diferentes, campeão paulista cinco vezes pelo São Paulo e integrante da seleção brasileira em duas Copas do Mundo, Leônidas estabeleceu uma média impressionante com a camisa da equipe nacional, 37 gols em 37 partidas. Foi artilheiro do Mundial da França, em 1938, com sete gols, e ainda ganhou o prêmio de melhor jogador daquela competição, na qual o Brasil terminou em terceiro lugar.

Dono de um temperamento forte e explosivo, Leônidas colecionou muitos problemas ao longo da vida. Mas, graças à popularidade conseguida, viu seu apelido virar marca de um produto, sucesso de marketing, quando a palavra nem existia; ganhou fama internacional quando a seleção nacional ainda vivia o "complexo de vira-lata" descrito pelo genial escritor Nelson Rodrigues. Que sobre Leônidas escreveu: "Um jogador rigorosamente brasileiro, da cabeça aos sapatos. Tinha a fantasia, a improvisação, a molecagem, a sensualidade do nosso craque típico".

Até Flávio Costa, desafeto de Leônidas no Flamengo e na seleção brasileira, rendeu-se: "Era um atacante admirável. Coloco-o acima de

Pelé. Só que Pelé aprendeu a ser bem-educado e Leônidas tinha um lado moleque muito acentuado".

Garoto em São Cristóvão

Leônidas da Silva nasceu no dia 6 de setembro de 1913 na zona norte do Rio de Janeiro, filho da cozinheira Maria e do marinheiro português Manoel Nunes da Silva. Garoto de família simples, estudou no Colégio Epitácio Pessoa, de onde sempre escapava para disputar peladas com a garotada na Ponte dos Marinheiros, na Praia Formosa. Quando tinha apenas 9 anos, perdeu o pai e foi adotado por Mário Pinto de Sá, chefe da família para a qual sua mãe trabalhava desde menina – um dos filhos de Mário, Augusto Sampaio de Sá, conhecido como Mangagá, foi o goleiro da seleção brasileira de pólo aquático que disputou os Jogos Olímpicos de Antuérpia, em 1920. A vida de Léo, como era chamando quando garoto, era matar aulas, jogar bola e acumular algumas expulsões de escolas pela indisciplina. Em 1926, o pai adotivo aposentou-se e resolveu arrendar um bar que funcionava na sede do São Cristóvão, clube de futebol do bairro de mesmo nome que ganhou o Campeonato Carioca daquele ano, batendo o Flamengo na decisão. Foi ali, no clube onde dona Maria fazia as refeições dos jogadores da equipe de então, que Leônidas, aos 13 anos, teve o seu primeiro contato com uma equipe mais organizada, enfrentando inclusive a resistência da mãe e do pai adotivo, que não viam futuro para qualquer pessoa que se dedicasse ao futebol, em detrimento dos estudos.

No São Cristóvão, apesar do corpo franzino, já mostrava a velocidade e a explosão que seriam marcas da sua carreira como profissional. Mas para alívio da família, em 1927, Leônidas conseguiu um emprego na Light, empresa que crescia rapidamente naquele período da vida do Rio de Janeiro.

A primeira vez que Leônidas ganhou algum dinheiro com o futebol foi no Havanesa, um clube amador da zona norte da cidade, mas que pagava para os principais jogadores vestirem a sua camisa. Aos 16 anos, em 1929, foi convidado para jogar por outro clube, o Barroso, com uma equipe formada por marinheiros e atletas que atuavam no Sírio Libanês, este um clube que disputava o principal campeonato do Rio de Janeiro. Claro que não demorou a ser levado pelos seus companheiros de Barroso para fazer um teste no Sírio. Aprovado, assinou seu primeiro contrato profissional para disputar a competição de 1930 pelo clube cuja sede ficava no bairro da Tijuca. O futebol já ocupava a vida de Leônidas integralmente, os estudos haviam sido interrompidos dois anos antes, quando ele tinha apenas 14 anos.

Diamante negro

No final de 1930, o Sírio fechou a sua equipe de futebol e deixou todos os jogadores sem emprego. Mas o técnico Gentil Cardoso, que dirigira o time em algumas partidas, levou quase todos para o Bonsucesso – Leônidas, nessa época, foi convidado também pelo São Cristóvão, mas o clube não tinha condições financeiras para contratar o atacante. Para assinar, ele fez apenas uma exigência: sempre preocupado com a aparência, pediu dois ternos, dois sapatos e um conjunto de paletó com calça de flanela. E a elegância foi a marca de Leônidas por toda a carreira. Mesmo terminando a competição em sétimo lugar, o Bonsucesso foi a sensação do Campeonato de 1931, projetando o jovem atacante de 17 anos como um nome nacional.

Tanto que, com apenas um ano no clube, foi convocado para a seleção carioca que disputou um amistoso contra o time húngaro Ferencvaros – o jogo terminou empatado (2 a 2) e Leônidas fez um gol. Quando completava 18 anos, foi convocado pela primeira vez para a seleção brasileira. Pela frente, a disputa da Copa Rio Branco contra o Uruguai, em Montevidéu. Estava começando naquele momento uma fase de renovação – apenas atletas jovens e desconhecidos, muitos integrando equipes pequenas, foram convocados. O Brasil venceu por 2 a 1, com dois gols de Leônidas. E com mais um requinte: no segundo gol, Leônidas iniciou a jogada na altura do meio-campo, dando um passe de bicicleta, a 50 metros de distância, alcançando Valter na ponta-direita. Este avançou e cruzou para a área, onde o próprio Leônidas entrava em grande velocidade para finalizar. A bicicleta ainda

OS 11 MAIORES CENTROAVANTES DO FUTEBOL BRASILEIRO

era um movimento raro: bola alta, o jogador lança o corpo para o ar, costas viradas para o chão, pernas para cima e, numa pedalada, um dos pés bate na bola. Os dois gols, as belas jogadas e a bicicleta valeram a ele o apelido de Diamante Negro. Pouco depois, como se verá mais à frente, o apelido virou marca de chocolate que existe até hoje.

Por anos, e até hoje, muita gente considera Leônidas o criador daquele movimento, mas, na verdade, ele foi o responsável pela difusão e popularização da jogada, que já havia sido executada no Brasil por Petronilho de Brito – irmão de Valdemar de Brito (que, mais tarde, no final dos anos 1950 teve o mérito de descobrir Pelé no interior de São Paulo e levá-lo para o Santos). Há também relatos de que a bicicleta já havia sido utilizada por Romano Unzaga, jogador da seleção chilena no Campeonato Sul-americano de 1920, disputado no Chile – por causa da origem do atleta, em outros países do continente o movimento é conhecido como "chilena".

Antes desse jogo no Uruguai, foram disputadas as duas primeiras partidas da final do Campeonato Brasileiro de Seleções de 1931, reunindo paulistas e cariocas, com uma vitória para cada lado. O terceiro jogo, para o desempate, trouxe uma surpresa. Leônidas era reserva da seleção carioca e, numa época em que não havia substituições, não deveria jogar, pois o titular era Nilo, incontestável como principal goleador brasileiro. Mas com as equipes já em campo para a decisão daquele torneio, Nilo percebeu que não poderia atuar pois sentia fortes dores no joelho. Leônidas foi convocado para assumir o posto. Resultado: os cariocas venceram por 3 a 0, com dois gols do Diamante Negro, que ainda deu o passe para outro de Carvalho Leite.

A grande atuação contra o Uruguai não rendeu apenas o apelido. O Peñarol, um dos grandes daquele país, não perdeu a chance e ofereceu, em setembro de 1933, um contrato para aquele jovem que começava a ganhar fama no Brasil e vencia as primeiras fronteiras do futebol internacional.

Naquele momento, clubes e entidades do futebol brasileiro discutiam e divergiam sobre a implantação do profissionalismo no Brasil. Com mais dinheiro do que os clubes brasileiros, os uruguaios levaram vários atletas daqui. Leônidas passou um ano (1933) no Uruguai, mas enfrentou muitos problemas de adaptação, sentiu saudades da família, abusou de noitadas em boates e, para completar, teve sérios problemas em um dos joelhos. Ficou na reserva em muitas partidas, foi hostilizado pela torcida, viu sua equipe perder o Campeonato Uruguaio para o rival Nacional e pediu para voltar antes do final da temporada.

Gol na primeira Copa

Ao retornar ao Brasil, Leônidas foi contratado pelo Vasco praticamente ao descer do navio que o trazia do Uruguai. O clube, que foi um dos primeiros a aderir ao profissionalismo, e também pioneiro em admitir negros na sua equipe, estava formando para 1934 uma equipe fortíssima, conhecida como "time dos 100 contos", referência ao valor investido para contratar os atletas. A equipe sagrou-se campeã carioca de 1934, o primeiro dos muitos títulos estaduais que Leônidas conquistou no Rio e em São Paulo. O futebol do Rio de Janeiro estava dividido em duas entidades, a Liga Carioca de Futebol (com clubes profissionais) e a Associação Metropolitana de Esportes Atléticos (amadores). O Botafogo ganhou o torneio da associação, enquanto o Vasco foi o primeiro colocado da liga.

A passagem pelo Vasco durou apenas alguns meses. A Confederação Brasileira de Desportos (CBD) era a representante do futebol brasileiro junto à Fifa e tinha a responsabilidade de convocar os atletas para o Mundial. Enfrentou resistência por parte dos clubes já profissionalizados que não queriam ceder jogadores (eram vinculados à Federação Brasileira de Futebol, entidade que abrigava os jogadores profissionais, oposta à CBD). A CBD teve que aliciar atletas, oferecendo contratos e dinheiro. Foi o caso de Leônidas, que recebeu proposta para ir à Copa do Mundo e viu o Vasco não cobrir a oferta. Ele então assinou com a CBD e depois da Copa de 1934 não voltaria para o clube.

A seleção brasileira sofreu com esses problemas entre entidades amadoras e profissionais, com as rivalidades entre paulistas e cariocas e com o momento político do país sob a ditadura de Getúlio Vargas. Apenas quatro jogadores de São Paulo atenderam à convocação e

Leônidas, com pouco mais de 20 anos, seguiu com a delegação numa longa viagem de navio para o Mundial, competição que para o Brasil duraria muito pouco, apenas um jogo. A seleção brasileira enfrentou a Espanha, em Gênova, perdeu por 3 a 1, reclamando muito da arbitragem e tendo desperdiçado um pênalti no final do jogo – o único gol foi marcado por Leônidas.

O grupo ainda participou de alguns amistosos pela Europa, retornou ao Brasil e continuou os jogos por aqui. Os jogadores que assinaram com a CBD estavam vinculados ao Botafogo, porque era o único grande clube do eixo Rio-São Paulo a ainda apoiar o amadorismo. Mas havia um problema: o clube ainda resistia a admitir atletas negros na sua equipe. Leônidas ficou sem jogar alguns meses e pensou numa nova transferência para o exterior. Depois da pressão de parte da diretoria do clube e, principalmente, da torcida, o Diamante Negro atuou pelo Botafogo na temporada de 1935.

As discussões diminuíam entre os que defendiam amadorismo ou profissionalismo e clubes trocavam de lado levados pelas questões políticas, mas o futebol do Rio de Janeiro ainda estava dividido. O Botafogo foi o campeão da Federação Metropolitana (antes chamada de Associação Metropolitana de Esportes Atléticos), num torneio disputado também por Vasco, São Cristóvão, Olaria, Carioca, Andaray, Bangu e Madureira. Leônidas marcou nove gols em 17 jogos. Na Liga Carioca estavam Flamengo, América, Fluminense, Bonsucesso, Modesto e Portuguesa Carioca.

Ídolo no Flamengo

O campeonato de 1935 terminou em janeiro do ano seguinte e Leônidas estava incomodado com o Botafogo, porque o clube integrava uma entidade que não abrigava os principais jogadores em atividade no país. Para o Campeonato de 1936, o Fluminense montava uma grande equipe, contratando boa parte do Palestra Itália de São Paulo (que alguns anos depois mudaria o nome para Palmeiras). O Flamengo não quis ficar atrás e resolveu investir em Leônidas. Mas o Diamante Negro teve muitas dificuldades para conseguir romper o contrato que ainda tinha em vigor com o Botafogo – e mais uma vez ficou alguns meses sem jogar.

O Fla-Flu era a grande sensação e as duas equipes enfrentaram-se em dez oportunidades naquela temporada, sempre com estádios lotados. Só pelo campeonato foram seis partidas: nos três turnos, uma vitória de cada lado e um empate. Houve necessidade de uma série para desempate: empate no primeiro jogo, vitória do Fluminense no segundo (4 a 1) e novo empate no terceiro. O Fluminense foi campeão e o Flamengo completou nove anos sem títulos.

A competição de 1937 marcou a pacificação do futebol no Rio de Janeiro, com a unificação da Liga Carioca e da Federação Metropolitana formando a Liga de Futebol do Rio de Janeiro. Muitos jogadores estrangeiros, principalmente argentinos, foram contratados pelas equipes brasileiras, mas a base forte mantida pelo Fluminense levou a equipe à conquista do bicampeonato. Mesmo sem títulos, Leônidas transformou-se em grande ídolo da torcida do Flamengo e ninguém o contestava como o craque brasileiro daquele período.

Homem Borracha

Para a Copa do Mundo de 1938, pela primeira vez o Brasil teria força máxima e uma preparação mais adequada. Um acordo de paz foi fechado entre paulistas e cariocas, as divisões nas entidades iam sendo superadas e os convocados tiveram a chance de um período de concentração, que incluiu até uma passagem pela estância mineira de Caxambu. Mais uma vez uma longa viagem de navio para a Europa, mas diferentemente do que aconteceu em 1934, quando a delegação chegou em cima da hora, na França os brasileiros tiveram 20 dias para terminar a preparação antes da estreia contra a Polônia.

Leônidas teve uma atuação impecável na primeira partida que contou até com prorrogação. Ele marcou três gols na vitória de 6 a 5 (4 a 4 no tempo normal). O jornalista Thomas Mazzoni destacou a participação do atacante assim: "Simplesmente assombroso". Sua agilidade e

OS 11 MAIORES CENTROAVANTES DO FUTEBOL BRASILEIRO

Treinos com a seleção: elasticidade gerou o apelido "Homem Borracha".

mobilidade levaram os franceses a apelidá-lo de "Homem Borracha". O segundo jogo foi contra a Tchecoslováquia e terminou empatado em 1 a 1 (gol de Leônidas), com a seleção brasileira jogando boa parte do segundo tempo com nove, depois das expulsões de Machado e Zezé Procópio. Aquela era uma disputa eliminatória e obrigou à realização de uma prorrogação, na qual ninguém marcou – o que levou a definição para uma partida extra dois dias depois.

O francês Raymon Thourmagen, do *Paris Match*, escreveu sobre o desempenho do atacante brasileiro: "Quando Leônidas faz um gol, pensa-se estar sonhando, esfregam-se os olhos. Leônidas é magia negra". O primeiro jogo havia sido disputado embaixo de muita chuva e num gramado enlameado, o que levou o técnico Adhemar Pimenta a decidir mudar quase todo o time para o desempate, pois pretendia levar vantagem na condição física. Ainda mais que os tchecos só haviam convocado 16 atletas para a França – era uma época em que ainda não eram permitidas substituições durante os jogos. Apenas um jogador não foi poupado: Leônidas da Silva. O Brasil venceu por 2 a 1 (um gol dele), de virada, e garantiu vaga na semifinal contra a Itália.

Mas, a disputa do jogo extra, naquelas condições, custou caro ao Diamante Negro: ele sentiu uma contusão muscular e ficou fora da semifinal, que seria realizada apenas 48 horas depois. O resultado foi a derrota por

2 a 1, com direito a muitas reclamações contra a arbitragem do suíço H. Wutrich. Com a volta de Leônidas, o Brasil enfrentou a Suécia na decisão do terceiro lugar, esteve perdendo por 2 a 0, mas conseguiu virar para 4 a 2, em mais uma exibição memorável do Diamante, que marcou dois gols e deu o passe para mais um. Terminou como artilheiro do Mundial e foi eleito pela Fifa o craque da competição.

Craque vira chocolate

Para muitos, foi na Copa da França que surgiu o apelido Diamante Negro, mas como conta o escritor André Ribeiro, autor de *O Diamante Eterno – biografia de Leônidas da Silva*, na verdade, o Mundial serviu para dar visibilidade a um apelido que já vinha desde 1932, quando da estreia na seleção contra o Uruguai, e é encontrado também em registros do jornal *Diário da Noite*, do Rio de Janeiro, em 1935.

Craque do futebol brasileiro e aclamado como melhor do mundo na Copa da França, Leônidas transformou-se no primeiro garoto-propaganda do esporte no Brasil.

A indústria Lacta resolveu lançar o chocolate Diamante Negro, no mercado até hoje, mais de 70 anos depois. Para isso, assinou um contrato com Leônidas da Silva, pagando dois contos de réis e oferecendo participação nas vendas do produto. Também foi lançado pela Companhia Sudan o cigarro Leônidas. E mais: ele ainda foi pioneiro em uma atividade que hoje rende bom dinheiro para ex-atletas, técnicos e outros profissionais do esporte, as conferências. Ele falava dos seus gols, das suas jogadas, respondia perguntas da plateia e recebia um cachê em troca.

Tanta atividade fora do campo prejudicou sua carreira. Leônidas faltava a treinos, perdia compromissos com o time e começou a ser cobrado pela diretoria do Flamengo, preocupada com a disputa do Campeonato Carioca de 1938, ainda em busca de um título que não conquistava havia muito tempo. Leônidas jogou bem a competição, foi artilheiro com 16 gols, mas não impediu o tricampeonato do Fluminense – pelo quarto ano seguido o Flamengo terminava como vice-campeão.

Finalmente, no ano seguinte, em 1939, o Flamengo conseguiu quebrar o jejum e conquistou o Campeonato Carioca, tendo Leônidas e Domingos da Guia como seus grandes astros. No final daquele mesmo ano, num jogo amistoso no Estádio São Januário, o Flamengo enfrentou o Independiente, da Argentina. O atacante marcou um dos mais espetaculares gols da sua carreira, de bicicleta, claro, colocando a bola no ângulo do goleiro Bello.

Rompimento e prisão

Os dois anos seguintes foram, provavelmente, os mais complicados da carreira profissional de Leônidas. Em 1940, o Flamengo viu o Fluminense ser campeão carioca mais uma vez. E o Diamante Negro, mesmo sofrendo cada vez mais com o joelho direito, sempre muito dolorido, conseguiu marcar 30 gols na temporada, igualando a marca histórica de Nilo, conquistada em 1927. Porém, como jogador mais caro do país, era muito pressionado pelo Flamengo a estar sempre em campo, mesmo nos amistosos. Leônidas se queixava, dizia que necessitava de tratamento, eventualmente uma cirurgia. Numa excursão à Argentina, amparado por atestados médicos que garantiam que ele tinha problemas nos meniscos e nos ligamentos, o atacante recusou-se a jogar e acabou suspenso pela diretoria.

Para completar a maré negativa, foi surpreendido com a decretação de sua prisão por oito meses. Isso porque, alguns anos antes, para regularizar sua situação junto ao Serviço Militar, Leônidas aceitou ajuda de um sargento que acabou apresentando documentos falsificados. O processo se arrastou por algum tempo e levou o Diamante Negro para trás das grades. O que era ruim para a sua imagem, acabou sendo bom para que ele pudesse se recuperar da cirurgia no joelho direito – com isso ele ficou fora de ação no final de 1941 e praticamente todo o primeiro semestre de 1942.

Quando deixou a prisão, o litígio com o Flamengo ainda não havia terminado e apesar de toda a pressão da torcida para que ele fosse reintegrado e voltasse a jogar, Leônidas da Silva estava decidido a deixar o clube – chegou a falar, inclusive, em encerrar a carreira.

Nesse momento entrou em cena o São Paulo e fez uma proposta milionária pelo jogador: 200 contos de réis. Num primeiro momento a direção do Flamengo relutou, mas acabou cedendo e aceitou o negócio. O Diamante Negro pegou um trem e foi para São Paulo, onde foi recepcionado por uma multidão de mais de 210 mil pessoas na Estação do Norte, no Brás, segundo cálculos da época. Dali foi carregado nos ombros pela torcida até a sede do clube, no centro da cidade.

Bicicleta no clássico

No entanto, é preciso lembrar que o craque estava sem jogar havia quase um ano, ganhara muitos quilos e precisava de um tempo para entrar em forma. Chegou em São Paulo no começo de abril e só foi estrear em 24 de maio – mesmo assim por causa da pressão em cima de alguém que tinha custado tão caro e precisava jogar o Campeonato Paulista já em andamento. O jogo escolhido foi o clássico contra o Corinthians, no Pacaembu. Seis horas antes da partida, os portões foram abertos e longas filas já se formavam. Estiveram lá 72.018 torcedores – e é preciso lembrar que naquela época o estádio ainda não contava com o tobogã, arquibancada atrás de um dos gols. Hoje, com aquele setor e com as modernas medidas de segurança, são admitidos no estádio, no máximo, 40 mil espectadores.

A arrecadação da partida chegou a 285 contos, dos quais 80 couberam ao São Paulo – quase metade do que foi gasto para tirar Leônidas do Flamengo. O jogo terminou 3 a 3, Leônidas não brilhou, mas participou dos gols e demonstrou que ainda não estava bem fisicamente. Seu primeiro gol em São Paulo aconteceu duas semanas depois, no confronto contra o Palestra Itália. E foi um golaço de bicicleta – embora o São Paulo tenha perdido por 2 a 1. O tricolor perdeu o título daquele ano para o Palmeiras (que no último jogo da competição deixou de ser Palestra), mas percebeu que o investimento tinha valido a pena e, por isso mesmo, gastou mais no time para a temporada seguinte. O argentino Sastre, Rui, Florindo, Zarzur e Zezé Procópio foram contratados, além do técnico Jorge de Lima, o Joreca, jornalista e ex-árbitro.

Depois de um mau começo na competição, o time se recuperou, conseguiu uma série de vitórias e chegou à partida decisiva contra o Palmeiras precisando de um empate: 0 a 0 e o primeiro título de Leônidas no futebol paulista. No ano seguinte, em 1944, o Palmeiras deu o troco, quando de novo os dois times chegaram ao jogo decisivo em condições de levantar o título, mas o alviverde venceu por 3 a 1.

Corte da seleção

O temperamento forte de Leônidas acabou por afastar o craque dos demais jogadores do São Paulo. Era comum ser visto almoçando ou jantando sozinho nas concentrações, embora esse distanciamento não se transferisse para os gramados.

Por causa da Segunda Guerra Mundial, a seleção brasileira não era convocada desde 1942, mas em 1945 a equipe voltou a se reunir para a disputa do Campeonato Sul-americano, e Leônidas estava louco para disputar pela primeira vez esse torneio. Mas, atrasou-se na apresentação, alegando "muitos compromissos". O técnico Flávio Costa não teve dúvida e dispensou o Diamante Negro. Os dois já haviam se desentendido durante a passagem de ambos pelo Flamengo. O disciplinador e rigoroso técnico não tolerava os atrasos e faltas do consagrado atacante.

Se ficou fora da seleção no Sul-americano (vencido pela Argentina), Leônidas arrasou no Campeonato Paulista. O São Paulo foi campeão e marcou 70 gols em 20 jogos (a equipe ficou conhecida como "rolo compressor"). Leônidas fez 16 gols e terminou como vice-artilheiro do torneio. Mas, aos 32 anos, dores no joelho, problemas musculares e dificuldades para manter o peso incomodavam o atacante. Naquele final de 1946, ele ainda ajudaria o São Paulo a conquistar o Torneio Rio-São Paulo. No ano seguinte, com muitas divisões na política interna, o São Paulo foi mal no Campeonato Paulista e terminou apenas em quarto lugar. No entanto, voltaria a ser campeão paulista em 1948, numa equipe muito renovada e com Leônidas, aos 35 anos, decadente e marcando cada vez menos gols.

Mesmo assim, no final de 1948 o centroavante ainda foi convocado para a seleção brasileira que disputaria o Campeonato Sul-americano no Rio de Janeiro, no começo do ano seguinte. Em meio à concentração em Caxambu (MG), viajou até São Paulo para exames médicos e voltou com uma solicitação para que tivesse pelo menos 20 dias de descanso. Foi imediatamente dispensado por Flávio Costa. Magoado com o corte, concedeu entrevistas dizendo que encerraria a sua carreira assim que terminasse o Campeonato Paulista de 1949, quando findava seu contrato com o São Paulo. Com muita dedicação, jogou as 22 partidas da competição, marcou 13 gols e conquistou seu quinto título paulista com o clube. Aceitou ainda um pedido da direção tricolor e jogou o Rio-São Paulo no começo de 1950, mas o time não foi bem.

Técnico durão

Carreira encerrada, Leônidas passou a trabalhar como auxiliar de Vicente Feola no São Paulo e logo depois assumiu o comando da equipe, quando Feola foi convidado para trabalhar como assistente de Flávio Costa na seleção brasileira que se preparava para a Copa do Mundo no Brasil. No cargo, o Diamante Negro com seu jeito durão, disciplinador, exigente, encontrou muita resistência dos jogadores – e a maioria deles ainda não tinha superado os problemas de relacionamento que enfrentaram com o jogador Leônidas.

Quando voltou da Copa do Mundo, Feola reassumiu o time, mas a diretoria do São Paulo anunciou que a partir de 1951 Leônidas seria efetivado como treinador do time. Em dezembro de 1950, Leônidas recebeu um pedido para jogar ainda mais uma vez pelo São Paulo, numa partida decisiva contra o Nacional – derrota tricolor. No começo do ano seguinte, assumiu como técnico, mas ainda não havia superado os problemas com os jogadores. Em uma excursão conjunta pela Europa de São Paulo e Bangu chegou a atuar em mais duas partidas – afinal, mesmo aposentado, ele ainda era o nome mais conhecido no exterior. Os seus feitos na Copa de 1938 não tinham sido esquecidos.

Uma campanha muito ruim do São Paulo no Campeonato Paulista de 1951 levou Leônidas a pedir demissão. Pouco mais de um ano depois, foi convidado a regressar ao cargo, mas ficou pouco no trabalho, porque jogadores remanescentes do seu período como centroavante ainda resistiam ao treinador.

Comentarista de rádio

Leônidas prometeu a si mesmo que nunca mais trabalharia como técnico. Para preservar a imagem do ídolo, Paulo Machado de Carvalho, dirigente do São Paulo, resolveu convidar o Diamante Negro para trabalhar como comentarista em uma de suas emissoras de rádio, a Panamericana. Meio assustado com a proposta, Leônidas resolveu aceitar e iniciou uma nova e bem-sucedida carreira. Nesse período de transição chegou a fazer ponta no filme de Ruggero Jacobbi, *Suzana e o presidente*, vivendo ele mesmo, um jogador muito famoso em final de carreira.

Aos poucos Leônidas foi se impondo como comentarista, ganhando respeito e projeção. Ganhou sete vezes o Prêmio Roquete Pinto e duas vezes a Bola de Ouro, oferecidos aos melhores profissionais do rádio e da televisão. Paralelamente, mantinha rentável carreira de empresário da construção civil, atividade iniciada ainda nos últimos anos como jogador.

No começo dos anos 1970, constantes esquecimentos e lapsos de memória sinalizavam os primeiros sintomas do Mal de Alzheimer. A doença foi se complicando e obrigou o Diamante Negro a se afastar do rádio em 1976, aos 63 anos de idade. Em 1993, com o estado de saúde agravado, Leônidas da Silva foi internado numa clínica geriátrica em Cotia, na Grande São Paulo, graças à ajuda do São Paulo e do empresário Marcos Lázaro. Foi ali que ele permaneceu até falecer em 24 de janeiro de 2004, aos 90 anos de idade.

LEÔNIDAS DA
SILVA

ENTREVISTA
LUIZ MENDES

"Leônidas era, em termos de estilo, um misto de Romário e Pelé."

Um dos mais longevos jornalistas em atividade no país, Luiz Mendes ainda era garoto quando pela primeira vez viu jogar Leônidas da Silva, na Porto Alegre de sua infância. Depois, já como cronista esportivo, pôde acompanhar a parte final da carreira do Diamante Negro e o nascimento do comentarista de rádio, que ganharia muitos prêmios também.

Luiz começou a trabalhar em comunicação ainda adolescente, em Palmeira das Missões, interior gaúcho, atuando no sistema de auto-falantes, tão comum nas pequenas cidades do interior de todo o Brasil. Logo se transferiu para Porto Alegre e ali iniciou a sua carreira no rádio, depois de passar por um concurso na Rádio Farroupilha. Ficou pouco na capital gaúcha e com apenas 19 anos já estava no Rio de Janeiro, iniciando a sua carreira na Rádio Globo, em 1944. Ao longo das décadas seguintes, trabalhou também na TV Rio e na TV Globo. Esteve em todas as Copas do Mundo entre 1950 e 1998. Hoje, aos 86 anos de idade e mais de 60 anos de carreira, continua em atividade e ajudando a manter a memória do futebol.

Na entrevista a seguir, ele fala de como acompanhou a carreira do grande atacante, seja como espectador, ainda garoto, ou como profissional consagrado.

Quando você começou a atuar como jornalista, Leônidas já era um jogador consagrado. Mas antes disso, quais as primeiras lembranças, quando ouviu falar dele, quando o viu jogar?

OS 11 MAIORES CENTROAVANTES DO FUTEBOL BRASILEIRO

Vi Leônidas jogar quando eu era um menino de 12 anos. Foi em 1936, no Campeonato Brasileiro de Seleções Estaduais. A seleção carioca foi jogar em Porto Alegre contra os gaúchos e fizeram uma melhor de três para apurar o adversário da seleção paulista, que havia eliminado os mineiros. A primeira foi 3 a 3, a segunda 1 a 0 para os gaúchos e a terceira teve novo empate de 2 a 2. Lembro, inclusive, que os paulistas acabaram campeões, depois de três jogos com os gaúchos (2 a 1 para os gaúchos no Sul, 3 a 1 para os paulistas em São Paulo e 2 a 1 a favor dos paulistas em São Januário, no Rio de Janeiro). Foi nessa ocasião que o futebol me apresentou o grande Diamante Negro.

Chegou a acompanhar algum jogo em que o Leônidas executou a famosa bicicleta?
Posteriormente, já atuando como locutor esportivo, assisti a umas três ou quatro bicicletas aplicadas por Leônidas. Ele se enrolava no ar e dava uma pedalada ao bater na bola lá em cima.

Há uma polêmica se ele teria sido mesmo o inventor da jogada ou apenas a aperfeiçoado. O que acha? O que se dizia na época?
Antes de Leônidas, havia alguns jogadores que executavam a acrobática jogada, entre eles um certo Petronilho de Brito, irmão mais velho de Waldemar de Brito, o descobridor de Pelé. O lance era conhecido no Brasil como "puxeta" e na Argentina como "chilena". Bicicleta foi uma denominação imaginada pelo grande narrador esportivo da época, Gagliano Neto, inspirado na pedalada que Leônidas executava em pleno ar.

O que se ouve dizer muito hoje em dia é que ele teria sido, ao lado de Zizinho, o que mais se aproximou da genialidade do Pelé. Concorda?
Zizinho e Leônidas tinham estilos diferentes do de Pelé, mas com talento equiparado. Coloco também Garrincha na companhia desses gênios e, como jogador de defesa, incluo ainda Domingos da Guia. Foram os maiores jogadores brasileiros que vi nos meus 68 anos de jornalismo esportivo.

LEÔNIDAS DA SILVA

Luiz Mendes: "Leônidas não foi inferior a Pelé."

Quais as características mais marcantes em Leônidas?
Leônidas era, em termos de estilo, um misto de Pelé e Romário. Organizava jogadas com o mesmo brilho com que as concluía. Era do tamanho de Romário e, no entanto, fazia muitos gols de cabeça.

Dá para comparar, em estilo, não em qualidade, o jeito de Leônidas jogar? Era mais rompedor, de área, ou desses atacantes com mais mobilidade?
Leônidas tinha um variado repertório de jogadas. Seus passes eram perfeitos e não dava a bola em cima do pé, mas sempre na frente, fazendo com que a jogada já chegasse pronta para a sequência, fosse um passe ou um arremate. A habilidade de forma eclética era sua principal característica.

Chegou a entrevistá-lo, ainda jogador? Pergunto, porque quando o senhor começou a trabalhar ele já atuava em São Paulo.
Nunca o entrevistei como jogador, mas em 1950, durante a Copa do Mundo, ele veio ao Rio para dar uma volta olímpica ao redor do gramado do Maracanã, antes do jogo Brasil 2 a 0 Iugoslávia. Outro convidado foi o grande Friedenreich, e os dois correram lado a lado com Ademir, o centroavante da seleção brasileira. Nessa ocasião, Leônidas e Fried assistiram ao jogo de uma cabine de rádio do estádio e o nosso repórter, da Rádio Globo, Geraldo Romualdo da Silva, os entrevistou ao microfone da minha emissora.

O Leônidas era um jogador à frente do seu tempo? Afinal, atuou no exterior quando o profissionalismo apenas engatinhava, e foi garoto-propaganda e virou marca de chocolate, num tempo em que jogador de futebol nem era "bem-visto".
Contam que Leônidas sempre ganhou dinheiro com o futebol, só jogava se o pagassem bem. Era praticamente um profissional em pleno advento do chamado amadorismo marrom. Foi realmente jogar no Peñarol do Uruguai depois da Copa Rio Branco de 1932, quando também Domingos da Guia se transferiu para o Nacional, lá mesmo em Montevidéu. Quanto ao contrato que fez com o chocolate para o uso de seu apelido Diamante Negro foi mais tarde, depois da Copa do Mundo de 1938.

Outro apelido de Leônidas era Homem Borracha. Fazia jus a ele?
Esse segundo apelido foi dado pela imprensa francesa em 1938, durante a Copa do Mundo. Ele se deveu à incomparável elasticidade do maior jogador daquela Copa. Maior jogador e maior artilheiro, com sete gols.

Leônidas foi o artilheiro e o melhor jogador da Copa de 1938, quando o Brasil ainda não era reconhecido como uma potência mundial. Falta reconhecimento a esses feitos? Terá sido consequência de a seleção brasileira não estar entre as principais do mundo ainda?

Contavam, durante o sucesso de Leônidas na Copa de 1938, uma espécie de anedota em que o Joãozinho em aula do primário, era arguido pelo professor. Este perguntou, em aula de história: "Quem foi Leônidas?" O menino respondeu: "Leônidas é o centroavante da seleção brasileira". O professor, exasperado, rebateu: "Eu estou me referindo ao Leônidas das Termopilas, menino". Joãozinho, sem se perturbar, acrescentou: "Esse eu não conheço, 'fessor', só se ele joga no segundo time...".

A Segunda Guerra impediu que fossem realizadas duas Copas do Mundo – as de 1942 e 1946. Poderiam ter sido as Copas de consagração do Diamante Negro?
Não tenha dúvida que se essas duas Copas pudessem ter sido realizadas, Leônidas teria passado à história com um fulgor muito maior, embora seu sucesso na de 1938, se os meios de comunicação fossem os de hoje, já seria suficiente para consagrá-lo mundialmente.

Depois de parar, Leônidas mudou de lado e passou a atuar como comentarista esportivo de rádio. Chegou a trabalhar com ele? Como era ele?
Muitas vezes convivi com o comentarista Leônidas da Silva. Nessa nova função ele, inicialmente, sofreu os naturais problemas pelo fato de não ser um profissional do microfone, sem uma voz educada para o rádio e ainda sem a cultura gramatical para desenvolver as suas observações, como, aliás, ocorre ainda hoje com ex-jogadores de futebol que atuam como comentaristas esportivos. Com o tempo ele foi se adaptando e sempre contou com o respeito dos ouvintes, por seus conhecimentos e por seu passado de jogador verdadeiramente genial. Leônidas, comigo pelo menos, foi sempre um companheiro cordial e educado e só posso lamentar o fato de nunca termos trabalhado juntos. Agora, uma opinião supersincera, respondendo sua última pergunta: se Leônidas fosse tão bom como comentarista quanto foi como centroavante, teria sido o maior comentarista de todos os tempos.

CAPÍTULO 2

ADEMIR DE MENEZES

Jogava em todas as posições do ataque, criou a função de ponta de lança e foi artilheiro da Copa do Mundo de 1950. Até hoje é um dos maiores goleadores da história do Vasco da Gama.

Ele foi tão importante na história do futebol brasileiro que criou uma nova posição em campo: o ponta de lança. Mas era tão versátil que sempre é apontado como um dos maiores centroavantes brasileiros de todos os tempos. Fez parte de um dos grandes times do futebol nacional, foi titular da seleção brasileira durante oito anos e artilheiro de uma Copa do Mundo. Para melhor definir quem foi Ademir de Menezes, é preferível reproduzir a abertura de uma crônica do jornalista Armando Nogueira, publicada pelo jornal *O Globo*, nos anos 1980.

> – Se o futebol me quisesse dar um presente, bastava que me desse um domingo inteirinho só de gols de Ademir Menezes. O estádio embandeirado, a multidão ali, em peso, todo mundo cantando e pulando pela glória do artilheiro inesquecível do Vasco da Gama. Nesta tarde de lembranças, quero rever, sobretudo, certos gols que ele fazia contra o meu time e que eu, doido de paixão, jurava que eram feitos pessoalmente contra mim. Quantas vezes amaldiçoei os "rushes" de Ademir! Ele arrancava do meio-campo, temível, e, como um raio, entrava pela grande área, fulminante. O desfecho da jogada era sempre o mesmo: uma bola no fundo da rede, um goleiro desvalido e o meu coração magoado.

Alto, magro, Ademir tinha mobilidade e versatilidade incomuns para a época. Atuava em todas as posições do ataque. E sua jogada característica era a arrancada com a bola dominada, em velocidade, em direção à área adversária, driblando, fazendo tabelas. O lance como descreve Armando Nogueira, ficou conhecido como *rush*.

Pelo Vasco da Gama, clube que defendeu por 12 anos, fez 429 jogos e marcou 301 gols. Foi o maior do clube durante décadas, até ser superado por Roberto Dinamite. No entanto, Ademir tem melhor média de gols (0,70 contra 0,63). Atuou também por Sport, de Recife e Fluminense – foi campeão em todos. Na seleção brasileira, foram

41 jogos e muita divergência entre as fontes sobre o número de gols marcados: 37, 36, 35 ou 32? De acordo com o site da Confederação Brasileira de Futebol (CBF). O que dá a média extraordinária de 0,90 por jogo. Foi o artilheiro brasileiro no Mundial de 1950. Em 41 jogos, venceu 30, teve cinco empates e apenas seis derrotas.

O queixo avantajado foi o responsável pelo apelido de Ademir Queixada. Quando sua marca de gols com a camisa do Vasco foi superada por Roberto Dinamite, Ademir declarou: "Roberto é um dos jogadores mais fortes e valentes que já conheci. Valente como eu fui no passado", disse. Roberto retribuiu, com a seguinte frase: "Ademir está um degrau acima de mim".

Aparição no Pina

Ademir Marques de Menezes nasceu na capital de Pernambuco em 8 de novembro de 1922. Filho de Otília e Antônio Muriçoca, ele, um vendedor de carros que aproveitava as horas de folga para ser técnico da equipe de remo do Sport. Na época, Recife tinha perto de 150 mil habitantes. Como todo garoto, as peladas nas praias e nos campinhos eram a sua paixão – muitas vezes em detrimento da escola.

Com 12 anos de idade, em 1935, começou a atuar pelo Centro Esportivo do Pina.

O Pina é um bairro que fica muito próximo da margem do rio Capiberibe e da praia. Bairro de muitos pescadores e de gente humilde, foi onde apareceu Ademir, garoto magro e espigado, rosto cheio de espinhas, que destacava-se pela velocidade e movimentação constante em campo. Três anos depois, em 1938, foi levado pelo pai que trabalhava no clube para o time infantil do Sport Recife. Tinha pouco mais de 15 anos e graças à qualidade superior a dos demais garotos de sua idade, atuava também pela equipe juvenil – pela qual foi bicampeão pernambucano em 1938 e 1939. O time dos garotos era tão bom que os torcedores lotavam as arquibancadas para vê-lo jogar – principalmente Ademir. Com 16, 17 anos, também já era aproveitado pelos profissionais, embora o primeiro contrato só tenha sido assinado em

1941, quando já havia completado 18 anos. Nessa ocasião, o Sport foi tricampeão estadual com a sua equipe principal, após vencer também em 1939 e 1940. O terceiro dos campeonatos, em 1941, foi conquistado de maneira invicta e tendo Ademir como artilheiro, com 11 gols.

Em 1942, o Sport levou seu time principal para disputar uma série de amistosos no Sul e no Sudeste. Foram 17 partidas em Minas Gerais, Rio de Janeiro, São Paulo, Paraná, Santa Catarina e Rio Grande do Sul. E 11 vitórias conquistadas. Uma partida foi especial: contra o Vasco da Gama, a equipe pernambucana conseguiu uma goleada, no Estádio São Januário. Ademir foi autor de três gols e ainda deu passes para mais dois. Atuação tão exuberante despertou a atenção dos grandes clubes cariocas e a transferência foi inevitável.

Vasco ganha disputa

Logo depois da excursão do Sport, Vasco da Gama e Fluminense procuraram Ademir e iniciaram negociações para levá-lo para o Rio de Janeiro. O Vasco, vítima de Ademir naquele amistoso, levou a melhor, mas não sem antes ter que inovar para conseguir derrotar o Fluminense na disputa fora do campo. Com propostas salariais semelhantes, a criatividade entrou em campo: o Vasco pagou, pela primeira vez na história do futebol brasileiro, uma quantia a título de luva para ficar com o jogador – valor que se paga a mais num contrato, independentemente do salário combinado. Depois daquela negociação, esse tipo de pagamento virou corriqueiro no futebol brasileiro que iniciava a sua fase de profissionalismo.

Em março de 1942, Ademir de Menezes fez a sua estreia com a camisa do Vasco, num jogo contra o América carioca, valendo o Troféu da Paz (vitória vascaína por 2 a 1). Começava ali uma história de amor que colocou Ademir entre os principais ídolos da história do clube e da seleção brasileira.

Os primeiros títulos de Ademir, no entanto, não foram com a camisa do clube, mas sim com a seleção carioca, bicampeã brasileira em 1943 e 1944. O primeiro campeonato ganho com o Vasco só viria no terceiro ano no clube, em 1945: a conquista do Carioca, sem nenhuma derrota. Na final, goleou o Madureira,, por 4 a 0, com dois gols de Ademir, que ficou em segundo lugar na artilharia com 13 gols. Seu companheiro de Vasco, Lelé, marcou 15. A movimentação de Ademir em campo e a facilidade para jogar em diversas posições, segundo os historiadores, foram responsáveis pela criação de uma nova função em equipes de futebol: o ponta de lança. Um jogador intermediário entre o armador e o centroavante, atleta que finaliza, faz muitos gols, mas não permanece fixo entre os zagueiros adversários, chega de trás, tabelando com companheiros ou driblando zagueiros antes de finalizar.

O ano do primeiro título no futebol carioca foi também o da primeira convocação de Ademir para a seleção brasileira. A estreia aconteceu no dia 21 de janeiro de 1945, na vitória de 3 a 0 sobre a Colômbia, no primeiro jogo da equipe na Copa América. Ademir fez dupla de ataque com Heleno de Freitas, outro genial atacante, que atuava pelo Botafogo. O primeiro gol de Ademir com a camisa da seleção foi na partida seguinte, quando o Brasil derrotou a Bolívia por 2 a 0. A seleção brasileira perdeu o título para a Argentina por um ponto. Ademir foi vice-artilheiro, com cinco gols – Heleno de Freitas e Mendez, argentino, terminaram com seis.

Um ano de Fluminense

Ao final da temporada de 1945, o Fluminense, que havia disputado com tanto afinco o futebol de Ademir há anos, resolveu investir mais uma vez. Protagonizou a maior transação da história do futebol brasileiro até então, pagando 200 mil cruzeiros para ter o jogador. E ficou famosa a frase dita por Gentil Cardoso, técnico do Fluminense na época: "Deem-me Ademir e lhes darei o campeonato".

E assim foi: o Campeonato Carioca de 1946 foi um dos mais inesquecíveis de todos os tempos, terminando com o Fluminense campeão. Aliás, supercampeão. A competição foi disputada no sistema de pontos corridos – todos contra todos, em turno e returno. Ao final, quatro equipes estavam empatadas no primeiro lugar: Fluminense, América,

Flamengo e Botafogo. Por isso, o título foi decidido em jogos extras. E aí sim o título ficou para o Fluminense de Ademir – autor do gol na partida decisiva contra o Botafogo (1 a 0).

Ademir de Menezes marcou 25 gols naquele Campeonato Carioca, mas outra vez acabou em segundo lugar na artilharia, porque Rodrigues, ponta-esquerda do mesmo Fluminense, conseguiu 28 gols – números impressionantes, levando-se em conta que a equipe fez 24 partidas (os dois tiveram média acima de um gol por jogo). O Fluminense campeão marcou 97 gols e teve a incrível média de 4,04 gols por jogo.

Volta para o Vasco

Muitos anos depois de Ademir ter encerrado a sua carreira, Admílson Marques de Menezes, irmão de Ademir, revelou que o atacante pernambucano e toda sua família, em Recife, eram torcedores do Fluminense. Mas a convivência com os portugueses do Vasco da Gama transformou o centroavante em vascaíno. E isso ficou comprovado ao final de 1946: apesar do título com o Fluminense, dos gols e do supercampeonato, Ademir manifestou saudades do antigo clube e quis voltar. Por isso, em 1947 assinou um novo contrato com o Vasco da Gama, que estruturava um dos maiores times da sua história, o Expresso da Vitória, que serviu de base para a Copa do Mundo de 1950, realizada no Brasil.

Em 1947, o Vasco foi mais uma vez campeão estadual (terceiro título seguido de Ademir). No ano seguinte, o clube viveu um dos seus grandes momentos: a Copa dos Campeões Sul-americanos, no Chile – competição que foi um embrião da Libertadores da América, que só vingaria nos anos 1960. Como o Brasil ainda não tinha uma competição nacional, o clube carioca foi indicado pela CBD para representar o país no torneio, que teve ainda Colo Colo (Chile), Emelec (Equador), Litoral (Bolívia), Municipal (Peru), Nacional (Uruguai) e River Plate (Argentina). O Vasco foi campeão no empate com o River Plate, da Argentina, que tinha como grande astro Di Stéfano, considerado um dos maiores jogadores da história do futebol. No 0 a 0, em Santiago, o goleiro Barbosa fez uma das melhores atuações da sua carreira, garantindo o empate e o título.

Ademir "Queixada" disputa lance com Joel (Flamengo): artilheiro no Expresso da Vitória.

Barbosa, Augusto, Laerte, Danilo, Jorge, Alfredo, Ipojucan, Maneca, Friaça, Djair, Chico, Ademir... O Expresso da Vitória dominaria o futebol carioca e o brasileiro no final dos anos 1940. Oito jogadores do time estariam na seleção brasileira na disputa da Copa de 1950 – seis deles eram titulares. Além do Campeonato Carioca de 1947 e da Copa dos Campeões de 1948, o Expresso da Vitória ganhou também os torneios estaduais de 1949 e 50 e foi vice em 1948 (vencido pelo Botafogo). Nas conquistas de 1949 e 1950, Ademir foi o artilheiro, com 31 e 25 gols, respectivamente.

Copa América em casa

Depois de três edições, a Fifa teve que interromper a realização dos Mundiais de futebol, em razão da Segunda Guerra Mundial. Encerrado o conflito, em 1945, a entidade preferiu um local longe da Europa, que passava por um processo de reconstrução. O Brasil foi o local escolhido. Para isso, providenciou a construção de um novo estádio, o Maracanã, com capacidade para 200 mil torcedores e que, durante muitas décadas, foi o maior do planeta.

Pouco mais de um ano antes da 4ª Copa do Mundo, o Brasil também sediou a Copa América, o campeonato sul-americano de seleções. O torneio serviu para que a seleção nacional mostrasse sua força, usando já a base da disputa do ano seguinte. Oito seleções participaram e a fase de classificação teve um turno único com todas as equipes se enfrentando. O Brasil liderou com folga, aplicou várias goleadas e só foi surpreendido na última rodada, quando perdeu no Estádio São Januário para o Paraguai (2 a 1). Com os paraguaios em segundo, as duas seleções foram para a final. E aí o Brasil não poupou gols: 7 a o e o título da competição. Nesse torneio, o Brasil marcou nada menos do que 46 gols em sete partidas (média de 6,57 gols por jogo). Ademir Menezes fez três gols na decisão e ficou em segundo na artilharia da competição, com sete. O primeiro foi outro brasileiro, Jair da Rosa Pinto, com nove.

No primeiro semestre de 1950, na preparação para a Copa do Mundo, a seleção brasileira enfrentou duas vezes o Paraguai (Taça Osvaldo

Cruz): vitória brasileira em São Januário (2 a 0) e empate no Pacaembu (3 a 3). A taça ficou por aqui. E fez também três partidas contra o Uruguai, valendo a Copa Rio Branco. Aquele mesmo Uruguai que provocaria a maior derrota da história da seleção brasileira, na final da Copa do Mundo. No primeiro confronto, no Pacaembu, em 14 de maio, vitória do Uruguai, 4 a 3. No segundo jogo, no Rio, vitória brasileira, 3 a 2. Daí a necessidade de um jogo desempate, também no Rio, com vitória do Brasil por 1 a 0 (gol de Ademir). Mais uma taça para a galeria da CBD. Mas foram três partidas muito equilibradas, uma delas com vitória uruguaia. Houve ainda amistosos e duas vitórias contra a Seleção Gaúcha (6 a 4) e a Seleção Paulista (4 a 3).

Maracanazo de 1950

Ademir foi o autor de cinco gols nas sete partidas disputadas no ano que antecedeu a Copa do Mundo. Era considerado o principal jogador do futebol brasileiro naquele momento, porque Leônidas da Silva, que havia reinado nas décadas anteriores, estava encerrando a carreira. E se Leônidas havia ficado com a artilharia da última Copa antes da Guerra, Ademir Menezes seria o goleador na Copa brasileira.

O Brasil tinha como técnico Flávio Costa, que resolveu investir no Vasco da Gama como base da equipe nacional. Foi assim que a seleção estreou no Mundial jogando no Maracanã contra o México. E aplicou a primeira goleada, fazendo 4 a 0, dois gols de Ademir. Coube ao Queixada entrar para a história como autor do primeiro gol do estádio especialmente construído para o evento – afinal ele estava sendo inaugurado exatamente naquela partida.

No segundo jogo, para agradar a torcida paulista, Flávio Costa modificou o meio-campo da equipe, colocando atletas de clubes de São Paulo. A seleção não foi além de um empate contra a Suíça, 2 a 2, no Pacaembu. Ademir jogou, mas não marcou. Mas na rodada seguinte, de volta ao Maracanã, o Brasil derrotou a Iugoslávia (2 a 0), gols de Ademir e Zizinho. Aí aconteceram os dois maiores massacres da Copa:

7 a 1 sobre a Suécia e 6 a 1 sobre a Espanha, com dois gols de Ademir em cada partida. O jogo contra os espanhóis ficou famoso e entrou para a história como aquele em que a torcida que lotava o Maracanã cantou a marchinha de Carnaval *Touradas em Madri*.

Artilheiro da Copa

Com 21 gols marcados em cinco jogos, quatro vitórias e um empate, a seleção brasileira chegou à decisão como favorita para enfrentar o Uruguai. Mais do que isso: podia empatar para conquistar o título. Cerca de 200 mil pessoas estavam lá, prontas para fazer a festa. Muitos anos depois, Ademir Menezes tentava encontrar uma explicação para a derrota: "A seleção começou a fracassar quando os jogadores foram obrigados a levantar cedo para ir assistir a uma missa, que foi longa, no dia da final".

O Brasil ainda saiu na frente com um gol de Friaça, mas tomou a virada e perdeu a decisão para o Uruguai. A derrota ficou conhecida como *Maracanazo*. Para Ademir Menezes, ainda houve o consolo de ter sido o artilheiro da Copa do Mundo, com nove gols marcados em seis partidas disputadas – e os nove gols aconteceram em quatro partidas, já que ele passou em branco contra a Iugoslávia e Uruguai.

Para muitos historiadores, a derrota da seleção teve uma repercussão histórica sobre aquele time do Vasco, o Expresso da Vitória. Como os vascaínos formavam a base da seleção, a derrota em casa naquele Mundial diminuiu um pouco a importância da equipe, pelo menos para as gerações futuras, distantes dos acontecimentos.

De volta ao Vasco da Gama, Ademir continuou sendo um dos mais importantes jogadores do futebol brasileiro. Em 1951, a seleção, de luto, não fez nenhuma partida. E para Ademir também foi um ano praticamente sem jogo: numa partida contra o América de Recife, sofreu uma fratura na perna e ficou muito tempo afastado dos campos. Ele voltou à seleção brasileira no ano seguinte para ganhar o Campeonato Pan-americano – foram cinco partidas, Ademir participou de todas e marcou dois gols.

Revanche contra uruguaios

Se a seleção não jogou em 1951, o Vasco jogou e conseguiu aplacar um pouco a dor dos brasileiros com a perda do Mundial em casa. O clube carioca enfrentou as duas principais equipes uruguaias e venceu. O confronto mais célebre foi em Montevidéu, no Estádio Centenário, diante de 65 mil torcedores. Os cariocas, base da equipe nacional do ano anterior, enfrentaram o Peñarol, que por sua vez tinha a maioria dos jogadores da equipe uruguaia campeã do mundo: o Vasco venceu por 1 a 0, gol de Ademir. A partida ficou conhecida como Jogo da Vingança, no dia 8 de abril de 1951. Duas semanas depois, no Rio de Janeiro, o Vasco voltou a vencer o Peñarol, 2 a 0. Dia 8 de julho do mesmo ano, o Vasco teve pela frente o Nacional, também no Rio, obtendo nova vitória (2 a 0). O jogo foi válido pela 1 Copa Rio e o Vasco completou ali 20 partidas internacionais sem derrota.

Ademir Menezes e Vasco conquistaram mais um título estadual, em 1952. A despedida da seleção brasileira aconteceu em 1953, durante a Copa América disputada no Peru. No primeiro jogo, goleada de 8 a 1 sobre a Bolívia, e Ademir entrou no segundo tempo, com o jogo resolvido. Foi titular na vitória de 2 a 0 sobre o Equador – e marcou seu último gol pela equipe nacional. E a última partida foi a vitória sobre o Uruguai (1 a 0) – quando, mais uma vez, entrou no segundo tempo. O Brasil perdeu o título para a seleção do Paraguai, que venceu a decisão por 3 a 2.

O Vasco já não era dono do esquadrão dos anos anteriores. Ademir ainda jogou duas temporadas. Em 1954, já sem a mesma velocidade de antes, continuou sofrendo com a marcação cada vez mais forte e desleal. Teve uma segunda fratura na perna e ficou novamente afastado por muitas semanas. Depois do Campeonato Estadual de 1955, foi a hora da despedida do Vasco da Gama. Ademir Menezes estava com quase 33 anos e disputou seu último Campeonato Carioca. Na passagem pelo Rio de Janeiro, foram quatro estaduais conquistados com o Vasco e mais um pelo Fluminense, além da Copa dos Campeões Sul-americanos, no Chile, e as conquistas pela seleção brasileira.

E uma lembrança das finais contra os grandes cariocas, especialmente contra o Flamengo.

– A tensão nervosa de um Vasco e Flamengo é a mesma de uma final de Copa do Mundo. Eu posso falar porque participei das duas. Neste jogo, um atleta pode se consagrar ou ser condenado ao ostracismo. Tudo depende do que acontecer em campo. Os jogadores só conseguem controlar seus nervos após o início da partida. Aí sim, ele esquece de tudo e só pensa em vencer – fala Ademir.

De volta para casa

O encerramento da carreira de Ademir foi em Recife, com a volta para o Sport, clube que o projetara nacionalmente quando ainda tinha idade de juvenil. Foi quase uma atitude amadora. Disputou alguns poucos jogos em 1956. Estava próximo de completar 34 anos e deixou claro porque parava: "Abandono o futebol antes que ele me abandone. Quando um jogador encerra a carreira, ele está contrariando a ele mesmo, por isso é tão difícil parar".

Chuteiras penduradas, Ademir voltou para o Rio de Janeiro e ali tentou outras atividades profissionais. Foi comentarista esportivo, trabalhando na Rádio Mauá, e assinou durante algum tempo uma coluna no jornal *O Dia*. Também trabalhou no Instituto Brasileiro do Café. E chegou a iniciar a carreira de técnico de futebol (trabalhou no Vasco da Gama em 1967), mas não teve sucesso.

Aos 74 anos, em 11 de maio de 1996, faleceu no Rio de Janeiro, vítima de um câncer. Vale a pena recorrer, mais uma vez, a Armando Nogueira:

– Hoje – coisas do tempo – que o futebol da minha vida é mais saudade que esperança, mestre Ademir costuma aparecer no telão das minhas insônias mais artilheiro do que nunca. E com que alegria revejo, agora, aqueles gols arrebatadores que ele fazia com a veemência de um predestinado! Gols que ontem sangravam e que hoje só enternecem o meu coração.

Teixeira Heizer, que virou amigo de Ademir: "Queixada" era divertido e adorava contar histórias.

ENTREVISTA
TEIXEIRA HEIZER

"A derrota na Copa de 1950 diminuiu o valor histórico de Ademir."

Teixeira Heizer é um dos jornalistas mais experientes do país e convive com o futebol brasileiro desde antes do fracasso da seleção brasileira na Copa do Mundo de 1950. Nascido no Rio de Janeiro, Teixeira formou-se em Direito, mas, apaixonado por futebol, foi para o jornalismo quando tinha 21 anos. Já acompanhava o esporte como torcedor e a partir do primeiro emprego, no *Correio Fluminense*, passou a ver de perto treinos, jogos e os grandes ídolos. Entre eles, Ademir de Menezes, o Queixada, de quem ainda pôde acompanhar os momentos finais da carreira. Depois da aposentadoria, o atacante pernambucano transformou-se em amigo.

Em 1954, Teixeira já fazia parte da equipe de esportes da Emissora Continental, uma das mais importantes do panorama nacional daquele momento. Tantos anos depois, Teixeira ainda se lembra de Ademir como uma figura divertida, pessoa dotada de senso de humor apurado, criador de ótimas histórias e brincadeiras com seus companheiros de equipe e amigos mais próximos.

No currículo de Teixeira Heizer está o momento de criação da TV Globo – até hoje exibe com orgulho o seu registro como funcionário número 1. Os primeiros programas esportivos da emissora que se transformaria numa das maiores redes do mundo, tiveram a assinatura de Teixeira. E foi ele também quem planejou a primeira transmissão de uma partida de futebol pela Globo, em 1965 (Brasil x União Soviética, no Maracanã). Como ainda não havia tecnologia no país para mostrar a partida ao vivo, ele teve a ideia de filmar o jogo, mandando os rolos com partes da partida para a sede da emissora e imediatamente colocá-los no ar. Teixeira foi o narrador daquele momento pioneiro.

Escreveu também para os jornais *Diário de Notícias*, *Diário da Noite*, *Última Hora*, *O Dia* e *O Estado de S.Paulo*, e para as revistas *Placar* e *Veja*. É autor do livro *O jogo bruto das Copas do Mundo*. Desde 2002 tem sido comentarista habitual dos programas de debates do canal esportivo *SporTV*.

O trabalho de repórter o levou a conhecer todos os grandes nomes do futebol brasileiro por mais de meio século. De Ademir, além do bom humor, Teixeira guardou a imagem das arrancadas em velocidade em direção à área do adversário, economizando nos dribles, aproveitando os espaços abertos pelos companheiros para ter a possibilidade de finalizar. Nesta entrevista, Teixeira Heizer lembra um pouco dessas histórias e lamenta que o Brasil não tenha sido campeão em 1950, porque certamente um título teria conferido a Ademir e ao excepcional time que o Vasco tinha na época, importância bem maior na história do futebol brasileiro.

Qual é a primeira lembrança que tem do Ademir de Menezes, mesmo que ainda só como torcedor?
Seu bom humor. Era uma figura que adorava brincar com as pessoas. Inventava histórias, provocava, era uma pessoa muito divertida, pregando peças em seus amigos e companheiros de time.

O senhor se recorda de alguma dessas brincadeiras?
Certa vez, ele inventou uma história com a cumplicidade de Telê Santana, Zizinho e alguns outros. Convenceu Orlando Pingo de Ouro de que eu o substituíra num jogo do time da Adeg [Administração dos Estádios da Guanabara] e fizera quatro gols de cabeça. Orlando era pernambucano como o Ademir e marcou época como meia do Fluminense na época em que o Ademir brilhava no Vasco. Chegou a jogar algumas vezes na seleção brasileira. Diante do espanto do Orlando, todos confirmaram a mentira, narrando detalhes dos hipotéticos gols extraordinários. E eles ainda foram

mais longe: disseram para o Orlando que, daquele dia em diante, ele estava dispensado dos jogos da Adeg, que era uma entidade que além de cuidar dos estádios empregava muitos ex-jogadores. E tinha um time que, com tantos craques aposentados, fazia concorridas apresentações. Naquela brincadeira com o Orlando, os argumentos de Ademir foram tais que, mesmo diante de minhas explicações negando o falso acontecimento, o Pingo de Ouro, que o Otávio [atacante do Botafogo] apelidara de Pingo de Merda, cortou relações comigo, por sentir-se ameaçado naquele grupo de fantásticos veteranos.

Foi o maior jogador brasileiro do final dos anos 1940, começo dos 1950?
Era um goleador espetacular. Chutava com dois pés e cabeceava com perícia única. Castilho, o maior goleiro do Rio – que odiava os artilheiros – uma vez me falou numa entrevista que, véspera de enfrentar Ademir, significava noite de insônia.

Quais as características que mais chamavam a atenção?
Sua corrida, em diagonal, dificilmente era interrompida. Pernas longas e rápidas desviavam-se dos adversários, evitando os dribles desnecessários. Outro jogador importante daquele período, o Píndaro, capitão do Fluminense, uma vez me disse: "Parar o 'Queixo' era tarefa impossível. Só com nitroglicerina".

Como era o rush, *que muitos consideram sua jogada característica?*
Na época, um dos maiores locutores esportivos do rádio brasileiro em todos os tempos, o Oduvaldo Cozzi, comandava uma equipe de esportes que eu integrava e nos obrigava a valorizar o vocabulário com palavras em inglês. Ele era um neologista, criava muitas expressões, cuidadoso com a linguagem da emissora. Foi ele quem utilizou primeiro a expressão *rush*, que a imprensa da época acabou adotando. Nada mais era do que a corrida sem dribles, até poder enfiar-se pela área e encontrar a posição ideal de chute. Detalhe: em plena carreira, o Ademir conseguia mudar de direção, o que atrapalhava ainda mais a tentativa dos zagueiros de desarmá-lo.

Li que ele foi o responsável pela criação do ponta de lança, que era uma função que não existia nas equipes. Ele era mesmo tão versátil?
Ele vinha de trás e aparecia na frente como centroavante. Em geral, os atacantes da época ficavam mais fixos. Com ele, o centroavante deslocava-se para arrastar a marcação e abrir-lhe espaço para a penetração. Essa jogada era típica do Vasco.

Como jornalista, lembra do primeiro contato com ele?
Eu cobria o Fluminense e o Botafogo para a *Última Hora* e para a *Emissora Continental*. Na sua fase ativa, tive poucos contatos. Mais tarde, quando ele passou a trabalhar no Instituto Brasileiro do Café, almoçávamos juntos. E ríamos de suas histórias, muitas inventadas. Ele gostava de usar componentes verdadeiros para criar um fato inverídico.

Acredita que a derrota na final da Copa de 1950 atrapalhou um pouco a memória que temos dele? Ele seria muito mais valorizado se aquela seleção tivesse vencido o campeonato?
Zizinho, o maior jogador da época – no meu entendimento só inferior a Pelé –, gostava de jogar com Ademir. Na seleção, evitou elogios aos atacantes, inclusive a Ademir. Brigou muito, sobretudo com Jair, que teria de fazer o segundo homem na frente. A desvalorização do Ademir na história do futebol brasileiro foi evidente. Até porque sobreveio o desencanto, para quase todos daquela geração. Certa vez, ele me disse textualmente em reportagem, publicada pela antiga *Ultima Hora*, "perdi o gosto pela bola". E chorou muito. Eu, também.

Dizem que o Expresso da Vitória do Vasco também teria sido mais valorizado se não houvesse a derrota na Copa de 1950, já que ele era base do time.
O Expressão dança na memória de todos os que já passaram dos 70 anos de idade. Aquela turma – Barbosa, Augusto e Raphaneli; Eli, Danilo e Jorge; Tesourinha, Ademir, Isaías, Jair e Chico – foi melhor do que o Santos e o Botafogo sem Garrincha. E ainda tinha

o suporte do Expressinho, com Maneca, Friaça, Ypojucan, Wilson e outros de igual valor. A importância que aquele time e esse pessoal todo teriam para a história diminuiu muito com a derrota na Copa de 1950. Afinal, aquelas caras eram personagens de uma tragédia. Creio que só Zizinho enfrentou a realidade de cabeça erguida.

Lembra de alguma boa história de concentração envolvendo Ademir?
Tem uma ótima, que mostra bem o espírito do Ademir. O Vasco concentrava-se no Hotel Santa Tereza e o técnico era o folclórico Gentil Cardoso. E Gentil fugia pela janela do quarto após se certificar de que seus jogadores estavam adormecidos. Afinal, um namorico de madrugada não configurava delito grave, ele não tinha que correr no jogo do dia seguinte. E ninguém saberia mesmo. Mas, Ademir descobriu e se vingou. Fechou a janela que Gentil deixara encostada e obrigou o velho técnico a dormir na rua, em madrugada de pleno inverno. Pela manhã, receberam-no sob aplausos, naturalmente.

Ele chegou a trabalhar como cronista esportivo depois de encerrar carreira. Chegou a conviver com ele na nova função?
Ele trabalhou como cronista de *O Dia*. Produzia pequena coluna diária. Confesso que preferia suas ações com os pés do que as com as mãos. De toda forma, coluna e autor deixaram uma ponta de saudade em todos que foram seus amigos, entre os quais me incluo.

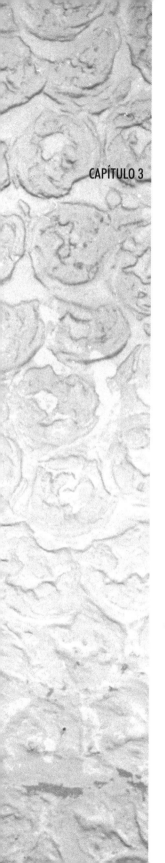

CAPÍTULO 3 VAVÁ

Primeiro artilheiro a fazer
gols em duas finais de Copas,
foi ídolo no Vasco e
no Palmeiras e atuou
em alguns clubes do exterior.
Entrou para a história
como Peito de Aço.

Não se iludam os leitores diante dos apelidos Leão da Copa e Peito do Aço. Eles podem transmitir a falsa impressão de um jogador apenas determinado, cheio de raça, mas sem técnica ou inteligência para o jogo. Vavá, campeão com a seleção brasileira em duas Copas do Mundo, era bem mais do que isso. Movimentava-se muito no ataque, abria espaços, tinha habilidade suficiente para tabelar e auxiliar os companheiros como Pelé, Didi, Zagallo, Garrincha... E tinha aquele poder de transformar em gol a maioria das jogadas dentro da área.

É Zagallo, companheiro dele na seleção entre 1958 e 1962, quem atesta:

– Eu sabia que quando lançava uma bola na área para Vavá, a chance de sair o gol era muito grande. E como eu era um jogador que tinha facilidade nos lançamentos, nos cruzamentos, quando o Vavá era escalado eu tinha certeza de que jogaria, porque fazíamos uma dobradinha que se completava.

Vavá seguiu os passos de outro pernambucano, também personagem neste livro, Ademir de Menezes. Ambos nascidos na capital do estado começaram a se destacar nos juvenis do Sport, transferiram-se para o Rio de Janeiro para atuar no Vasco da Gama, brilharam na seleção brasileira. Enquanto Ademir viveu a grande decepção da derrota brasileira na Copa de 1950, da qual foi artilheiro, Vavá foi campeão duas vezes e artilheiro do Mundial de 1962. E foi o primeiro jogador a fazer gols em duas finais de Mundial e o único, até a Copa de 2010, em duas decisões consecutivas.

Quando o futebol de Ademir declinava pelo peso da idade, o Vasco foi buscar na mesma fonte o substituto, o garoto Vavá, que tinha apenas 17 anos quando chegou ao Rio de Janeiro, em 1951. Os dois estiveram juntos no clube no começo dos anos 1950.

Pelos clubes de Recife

Quando Edvaldo Izídio Neto ainda era garoto e jogava as suas peladas nas praias e campinhos de Recife, em Pernambuco, brilhava no futebol carioca e na seleção brasileira, um conterrâneo: Ademir de Menezes, o Queixada. Era jogador do Vasco e da seleção brasileira. Vavá, apelido de família de Edvaldo, nem imaginava que percorreria o mesmo caminho e substituiria exatamente o centroavante do Brasil na Copa do Mundo de 1950. Vavá nasceu em 12 de novembro de 1934. No ano em que completou oito anos, Ademir estreava com a camisa do Vasco.

Naquela época, Vavá era só um garoto que corria atrás da bola em peladas animadas. Já demonstrava a disposição e a garra que seriam marcas registradas na sua carreira. Só em 1948 é que passou a integrar categorias de base das equipes profissionais da capital de Pernambuco, como primeiro do América e depois do Íbis. Mas acabou no juvenil do Sport, que há uma década tinha acolhido Ademir.

Em 1949, com apenas 15 anos de idade, era o titular do juvenil do Sport que foi campeão pernambucano da categoria. Pouco depois já estava treinando e jogando entre os profissionais. Mas não conseguiu ser campeão no clube, embora tenha tido atuações tão consistentes e promissoras que acabou chamando a atenção de times da região sudeste, principalmente porque era ainda muito jovem, pouco mais do que um adolescente.

Nos passos de Ademir

Foi ainda como jogador do Sport que acompanhou a distância a decepção brasileira na Copa do Mundo disputada no país. Aquela equipe tinha como base o time do Vasco da Gama e o centroavante era Ademir de Menezes. No ano seguinte, em 1951, com apenas 17 anos, Vavá foi contratado pelo clube carioca, mas não chegou a participar da campanha vencedora do Campeonato Carioca de 1952. Este título é considerado o último momento do time que havia dominado o cenário do futebol carioca nos dez anos anteriores. Na renovação da equipe, aos poucos Vavá passou a ocupar o lugar que ia sendo deixado por Ademir – já com 30 anos, ficaria no Vasco até 1955.

Mas, se ainda não tinha espaço na equipe vascaína, na seleção brasileira teve a sua primeira experiência em 1952, ano em que completou 18 anos. Ele foi convocado para a disputa do torneio de futebol dos Jogos Olímpicos de Helsinki, na Finlândia. A seleção brasileira estreou contra a Holanda e goleou por 5 a 1 – um dos gols foi de Vavá. Na sequência, o Brasil derrotou Luxemburgo por 2 a 1, mas acabou eliminado pela Alemanha Ocidental por 4 a 2, nas quartas de final. Foram os primeiros jogos de Vavá com a camisa da seleção, embora ainda numa seleção de novos.

A primeira oportunidade na seleção principal aconteceria só em 1958, poucas semanas antes da viagem para a Copa do Mundo da Suécia.

Vasco renova o time

A renovação da equipe do Vasco passou pelo aproveitamento de jogadores que estavam nas categorias de base, formados no clube ou trazidos ainda garotos de outros locais – era o caso de Vavá. Aos jovens Vavá, Orlando, Coronel, Sabará juntaram-se atletas mais experientes e já com história em outros clubes, como Paulinho de Almeida, Bellini, Valter Marciano, Parodi e Pinga. Para comandar a renovação, foi contratado o técnico Flávio Costa. Mas os resultados não vieram nos dois primeiros anos, a não ser pela conquista de um torneio internacional no Chile. O trabalho começou a dar sinais de sucesso apenas em 1955.

O Campeonato Carioca daquele ano só terminou nos primeiros meses de 1956. Curiosamente, o Vasco foi o clube que mais somou pontos ao longo dos três turnos da competição (junto com o Flamengo), mas não conseguiu se classificar para as finais porque não ganhou nenhum dos turnos, como determinava o regulamento. O Flamengo

Gol pelo Vasco em 1955: sucessor do conterrâneo Ademir de Menezes.

foi campeão, batendo o América nas finais, com uma equipe que tinha Zagallo, Dida, Evaristo e Paulinho, este o artilheiro da competição.

A perda do campeonato nessas condições levou à demissão de Flávio Costa. Para o lugar dele, foi contratado exatamente quem havia levado o América à final, Martim Francisco. O resultado da modificação no grupo de jogadores e na comissão técnica garantiu ao Vasco ao título do Campeonato Carioca de 1956. O torneio foi disputado em turno e returno, pontos corridos, com 12 equipes. O Vasco da Gama terminou três pontos à frente do Fluminense e teve o melhor ataque da competição, com 58 gols. Curiosamente, os gols eram bem distribuídos e os dois principais goleadores do time ficaram apenas em sexto e sétimo lugares entre os artilheiros: Walter marcou 14 vezes e Vavá 13. E para quem está incluído aqui entre os melhores centroavantes da história do futebol brasileiro, um dado interessante: Vavá nunca foi artilheiro de qualquer competição nos clubes em que atuou. Na Copa de 1962, a exceção: dividiu a artilharia com alguns outros jogadores.

No entanto, naquele Campeonato Carioca, fez os gols na partida que sacramentaram a conquista vascaína. Num jogo contra o Bangu, no Maracanã, no dia 15 de dezembro, vitória do Vasco por 2 a 1. Wilson Macaco marcou primeiro para o Bangu e, no segundo tempo, Vavá fez os dois gols da virada. O Bangu tinha na época Zizinho, como destaque, além de Zózimo e Calazans.

Sucesso na Europa

Como campeão do Rio de Janeiro, o Vasco da Gama foi convidado a disputar alguns torneios internacionais e amistosos na Europa, no ano seguinte, 1957. E conseguiu resultados históricos, com a participação direta de Vavá. Um dos mais importantes foi o Torneio de Paris, que teve a participação de times como o Real Madrid – então bicampeão europeu, liderado pelo argentino Di Stéfano e pelo francês Kopa, Racing Club de Paris e Rot-Weiss Essen, da Alemanha. No primeiro jogo do torneio, o Vasco bateu o Racing por 3 a 1 (um gol de Vavá) e foi para a final enfrentar o Real Madrid, que havia goleado o clube alemão por 5 a 0.

O Real Madrid abriu o placar logo nos primeiros minutos, com Di Stéfano, mas ainda no primeiro tempo o Vasco conseguiu virar: o primeiro gol foi de Pinga e o segundo de Vavá. O Real Madrid empatou com Mateos, no entanto, a equipe carioca fazia uma partida impecável e chegou a marcar mais duas vezes com Livinho e Valter. O Real ainda diminuiu com Kopa, mas os brasileiros comemoraram o título no Estádio Parque dos Príncipes. Na mesma excursão, o Vasco goleou o Barcelona (7 a 2) e o Benfica (5 a 2).

Desde o começo, 1958 foi um ano repleto de grandes atuações e sucesso para Vavá, que tinha pouco mais de 23 anos. No Torneio Rio-São Paulo, disputado nos primeiros meses do ano, foram nove partidas e apenas uma derrota (4 a 2 para o Palmeiras, logo na estreia), além de um empate contra o Flamengo (1 a 1). Nas outras sete partidas, vitórias contra Santos, São Paulo, Portuguesa, Corinthians, Botafogo, América e Fluminense. O time marcou 26 gols. Na decisão, o Vasco não tomou conhecimento da Portuguesa, no Pacaembu, e venceu por 5 a 1. Vavá marcou os dois primeiros gols e Almir fez os outros três.

Naquele começo de ano, também a seleção brasileira passava por uma grande reformulação e, com o comando de Paulo Machado de Carvalho e tendo como técnico Vicente Feola, pela primeira vez fazia-se um planejamento para tentar ganhar uma Copa do Mundo. Tanto que nos jogos iniciais, realizados em maio, muitos jogadores vestiram pela primeira vez a camisa da seleção principal, incluindo Vavá.

O jogo de estreia para essa seleção foi pela Taça Osvaldo Cruz, contra o Paraguai, no Maracanã. O Brasil goleou por 5 a 1 e Vavá marcou o seu primeiro gol no time principal da seleção brasileira – Zagallo, outro estreante, marcou duas vezes. Na partida seguinte, no Pacaembu, mais uma vez com Vavá em campo, empate de 0 a 0, e o primeiro título conquistado pelo atacante com o time nacional.

Peito de aço

Nos amistosos seguintes contra Bulgária (duas vezes), Corinthians, Fiorentina e Inter de Milão, Vavá ficou na reserva, já que os titulares naquela altura eram Dida, Mazzola e Pelé (este último se contundiu no jogo contra o Corinthians e viajou machucado para a Europa).

O Brasil estreou na Copa do Mundo da Suécia com vitória de 3 a 0 contra a Áustria, tendo Dida e Mazzola no ataque (Pelé ainda se recuperava e Vavá assistiu das arquibancadas, pois naquele tempo ainda não eram permitidas substituições durante os jogos). Para o segundo confronto, contra Inglaterra, Feola promoveu uma alteração no ataque brasileiro: entrou Vavá e saiu Dida. O atacante do Flamengo sentia dores no pé e acabou perdendo a posição para o centroavante do Vasco, que fez dupla com Mazzola. A partida terminou sem gols, mas Vavá já dava mostras de sua coragem ao entrar nas divididas e nunca desistir das jogadas.

Na última partida da fase de classificação, o Brasil teve a terceira (e definitiva) dupla de ataque daquele Mundial. Recuperado da contusão, Pelé foi escalado ao lado de Vavá no jogo contra a União Soviética. Outro que estreava na Copa era Garrincha, na ponta direita. E o Brasil começou a deslanchar – Vavá, principalmente. Marcou os dois gols brasileiros na vitória de 2 a 0. O primeiro deles logo aos três minutos, depois de receber um passe genial de Didi, entre os zagueiros soviéticos. No segundo tempo, Vavá mostrou que não era só força, ao fazer uma tabelinha com Pelé e concluir, classificando o Brasil para as quartas de final.

O confronto seguinte foi contra o País de Gales, uma das partidas mais complicadas para a seleção diante da retranca montada pelo adversário. Foi necessária a genialidade de Pelé, em jogada individual, para o Brasil vencer por 1 a 0 – primeiro gol de Pelé em Copas do Mundo. Vavá não participou dessa partida. Na semifinal, Brasil x França, a seleção brasileira conseguiu o gol logo no começo da partida: depois de um lançamento de Garrincha, Vavá dominou a bola no peito e colocou o time em vantagem. Didi e Pelé (3) marcaram o restante na goleada de 5 a 2 que colocou a equipe na final, contra a Suécia.

Dois gols na decisão

Com o gramado encharcado no Estádio Rasunda, em Estocolmo, o Brasil entrou para enfrentar a equipe da casa e foi surpreendido logo com três minutos de jogo, gol de Liedholm. O Brasil não se abalou graças à frieza de Didi. E contou com a genialidade de seus atacantes para reverter a situação. Aos nove minutos, Garrincha driblou seu marcador, foi à linha de fundo e cruzou para Vavá empatar. Aos 31, a mesma jogada: Garrincha driblou, cruzou e Vavá empurrou para o gol. Pelé também marcou duas vezes e Zagallo completou a goleada brasileira de 5 a 2. O Brasil deixava para trás o "complexo de vira-lata", expressão criada pelo jornalista e escritor Nelson Rodrigues, para vencer pela primeira vez o Mundial.

Se o mundo acompanhava o surgimento do Rei do Futebol, Pelé, com apenas 17 anos, conferia a Vavá o título de Peito de Aço, em razão da raça, da disposição em entrar nas divididas e brigar pela posse da bola o tempo todo. Concluindo cruzamentos de Garrincha, lançamentos de Zagallo e Didi, e fazendo tabelinhas com Pelé, Vavá foi peça fundamental na conquista brasileira.

Ainda em 1958, de volta ao Vasco da Gama, Vavá ajudou o clube a conquistar o Campeonato Carioca. Aliás, o supercampeonato. Porque três equipes terminaram empatadas depois das 22 partidas do turno e returno: Vasco, Flamengo e Botafogo, que tiveram de disputar um triangular para o desempate. Foram três partidas realizadas entre Natal e Ano Novo. Uma vitória de cada equipe e mais um tríplice empate. Novo triangular e o campeão só foi conhecido em 17 de janeiro de 1959: Vasco e Flamengo jogaram no Maracanã diante de 130 mil pessoas. Empate de 1 a 1 e o Vasco campeão, porque no confronto direto com o Botafogo, a vitória havia sido vascaína (2 a 1), enquanto o Flamengo tinha empatado contra o mesmo adversário (2 a 2).

Apesar de ter esse título no currículo, Vavá participou de poucas partidas da competição, porque a sua atuação na Suécia despertou o interesse de muitos clubes da Europa. Assim que regressou da Copa, seu passe foi negociado e o centroavante só esteve em campo nas quatro primeiras partidas do estadual. Na despedida, num jogo contra o

São Cristóvão, mesmo sabendo que teria um contrato para ganhar muito mais na Europa, Vavá não tirou o pé das divididas nem deixou de correr como sempre fazia. O Vasco goleou por 4 a 0 e Vavá marcou três vezes, seus últimos gols com a camisa do clube carioca.

Três anos na Europa

Alguns meses antes de completar 24 anos, Vavá transferiu-se para o Atlético de Madrid, com a dura missão de fazer frente aos dois poderosos clubes espanhóis: Real Madrid e Barcelona. Na primeira temporada por lá, Vavá conseguiu marcar 16 gols no Campeonato Espanhol, terminou em quinto lugar entre os goleadores – os que ficaram à frente dele eram todos da dupla Real-Barcelona. Di Stéfano (Real) marcou 22 gols. Evaristo de Macedo (brasileiro do Barcelona) fez 21, ao lado de Puskas (Real). Tejada (Barcelona) fez 18. O Atlético de Madrid terminou o Campeonato Espanhol na quinta colocação, com o Barcelona campeão. Na Copa do Generalíssimo (hoje Copa do Rei), mais uma vez deu Barcelona e o Atlético foi eliminado nas quartas de final pelo Valencia.

Na temporada seguinte, o Atlético terminou de novo na quinta posição, desta vez com o Real Madrid como campeão. O rival da capital espanhola dominaria a Europa naquele início dos anos 1960, com alguns dos melhores jogadores do planeta como Di Stéfano, Puskas, Didi... Mas Vavá conseguiu naquela temporada o seu primeiro título pela equipe espanhola: o clube foi campeão da Copa do Generalíssimo, derrotando exatamente o rival Real Madrid, 3 a 1 na decisão. A conquista se repetiria na temporada 1960-61, outra vez ganhando do Real Madrid (3 a 2) na final. No Campeonato Espanhol, o Atlético foi vice-campeão, 12 pontos atrás do Real.

A conquista do bicampeonato da Copa do Generalíssimo levou o Atlético de Madrid para a disputa da primeira edição da Recopa Europeia, criada na temporada de 1961-62. Embora tenha ajudado na classificação, Vavá já não estaria lá na disputa do torneio continental, porque havia retornado ao Brasil.

Durante todo o período em que esteve na Espanha, Vavá ficou afastado da seleção nacional. Naquele tempo, os clubes não eram obrigados a liberar os jogadores para as seleções e também não havia iniciativa das comissões técnicas brasileiras de convocar esses atletas.

Ídolo no Palmeiras

Em 1961, depois de três temporadas na Espanha, Vavá foi contratado pelo Palmeiras, único clube paulista que conseguia impor alguma resistência ao poderoso Santos de Pelé, Coutinho, Gilmar, Mengálvio, Dorval, Pepe... O Palmeiras formava a sua Academia. Junto com Vavá chegou Ademir da Guia. Eles se juntaram a Valdir de Moraes, Djalma Santos, Julinho Botelho, Chinesinho. No segundo semestre de 1961, o Palmeiras terminou em segundo lugar no Campeonato Paulista, três pontos atrás do Santos.

Logo no começo de 1962, o Palmeiras disputou o Torneio Rio-São Paulo e fez o jogo decisivo contra o Botafogo, que tinha Manga, Nilton Santos, Garrincha, Didi, Quarentinha, Amarildo, Zagallo... Vavá foi titular, mas o Botafogo venceu por 3 a 1 e ficou com o título. De volta aos campos brasileiros e mostrando seu bom futebol, agora com a camisa do Palmeiras, retornou também à seleção brasileira, que em abril iniciou seus jogos de preparação para a Copa do Mundo do Chile.

No dia 21 de abril, o Brasil goleou o Paraguai pela Taça Osvaldo Cruz (6 a 0) e Vavá fez um dos gols, depois de ter entrado no lugar de Coutinho. No segundo jogo da disputa, mais numa goleada (4 a 0) e outro gol de Vavá, outra vez substituindo Coutinho. Com apenas 19 anos, mas vivendo um momento excepcional no Santos, ao lado do já consagrado Pelé, Coutinho deveria ocupar a vaga titular no ataque durante o Mundial que se aproximava.

Contudo, naquelas partidas que antecederam a viagem para o Mundial, Coutinho começou a apresentar problemas no joelho direito. Mesmo assim, viajou com a delegação porque os médicos acreditavam que ele poderia se recuperar a tempo de disputar a Copa. Mesmo se não conseguisse entrar nas primeiras partidas, poderia ser decisivo na etapa mais aguda do torneio.

Leão da Copa

Em 1962, Vavá tinha 27 anos, era campeão do mundo, tinha sido ídolo no Vasco, tinha jogado na Europa e começava a entrar para a história do Palmeiras também. E com esse currículo assumiu a condição de titular no início da Copa do Mundo – e ficaria no time até o final, porque Coutinho não conseguiu melhorar e só assistiu das arquibancadas aos jogos da seleção brasileira.

O Brasil que estreou contra o México era praticamente o mesmo que havia disputado a final na Suécia, quatro anos antes. Nove dos 11 jogadores foram mantidos. No ataque, Garrincha, Pelé, Vavá e Zagallo. O Brasil não teve grandes dificuldades na estreia e venceu por 2 a 0, gols de Zagallo e Pelé. No segundo jogo, muita marcação, dificuldades e 0 a 0 contra a Tchecoslováquia. Na última partida da primeira fase, o Brasil enfrentou a Espanha e já não pôde escalar Pelé, que se contundiu e não voltaria a jogar mais naquela disputa.

A garra e a disposição que Vavá demonstrava em campo valeram a ele um novo apelido: o Peito de Aço da Copa de 1958 agora era o Leão da Copa. Depois da contusão de Pelé, ele passou a ter Amarildo, jogador do Botafogo, como companheiro no ataque. O Brasil ganhou da Espanha por 2 a 1, de virada, e Amarildo fez os dois gols. Nas quartas de final, o adversário foi a Inglaterra. O Brasil venceu por 3 a 1: Garrincha fez 1 a 0 para o Brasil, mas Hitchens empatou ainda no primeiro tempo. No segundo tempo, Garrincha cobrou uma falta que o goleiro não conseguiu segurar. Vavá, de cabeça, no rebote, colocou de novo o Brasil na frente. Garrincha faria também o terceiro gol. O Brasil foi para a semifinal e conseguiu uma goleada sobre o Chile por 4 a 2. Com 31 minutos do primeiro tempo, a seleção já vencia por 2 a 0, dois gols de Garrincha. Os chilenos ainda diminuíram no final da primeira etapa. Aos três minutos do segundo tempo, num escanteio cobrado pela direita, Vavá apareceu na pequena área para marcar o terceiro do Brasil. O Chile voltou a diminuir com Sanchez. No entanto, aos 33 minutos, Zagallo, da intermediária, do lado esquerdo, lançou a bola na área para Vavá marcar mais uma vez de cabeça: 4 a 2 e o Brasil mais uma vez na final.

Artilheiro de duas finais

O Brasil enfrentou a Tchecoslováquia na final. Aos 15 minutos, Masopust abriu o placar. O Brasil precisou de apenas dois minutos para conseguir o empate com Amarildo. No segundo tempo, Zito marcou o gol da virada brasileira. E aos 33, Vavá entrou para a história como o primeiro jogador a marcar gols em duas finais de Copa do Mundo. A bola foi lançada para a área pelo lateral Djalma Santos, o goleiro tentou defender no alto, mas falhou. A bola caiu nos pés de Vavá, que acompanhava a jogada. Ele só empurrou a bola e fez o último gol do jogo e do bicampeonato brasileiro.

Depois de Vavá, apenas dois jogadores conseguiram fazer gols em duas finais de Copa: Pelé (1958 e 1970) e o francês Zidane (1998 e 2006). Seis atletas terminaram aquele Mundial na liderança da artilharia, com quatro gols: Vavá e Garrincha eram dois deles. Em duas Copas do Mundo, Vavá marcou nove gols em dez partidas, média de 0,9 gol por jogo.

Após o bicampeonato do Chile, Vavá só voltaria a jogar pela seleção em 1964, em duas partidas amistosas: 5 a 1 contra a Inglaterra, no Maracanã; e 0 a 3 contra a Argentina, no Pacaembu. Foram os dois últimos jogos do atacante com o time nacional – ele não fez gols. Ao longo da sua carreira, jogou 23 vezes pela seleção e marcou 14 gols. Sofreu apenas uma derrota com a camisa da seleção, exatamente a despedida contra a Argentina.

Campeão no Palmeiras

Em 1963, o ano começou para o Palmeiras com a disputa do Torneio Rio-São Paulo, mas a equipe não foi bem e terminou em quarto lugar, atrás de Santos, Corinthians e Fluminense. No segundo semestre, no Campeonato Paulista, o Palmeiras conseguiu parar o Santos de Pelé, que tentava o tetracampeonato. O Palmeiras foi campeão com seis pontos de vantagem. Foi um campeonato no sistema de pontos corridos, e no confronto direto houve empate no primeiro turno (1 a 1) e o Palmeiras venceu no returno (1 a 0).

Em 1964, no Torneio Rio-São Paulo, o Palmeiras terminou em terceiro lugar, nos primeiros meses do ano, mas Vavá já não tinha o mesmo desempenho e não fez gol, jogou pouco. No segundo semestre, no Campeonato Paulista, mais uma vez o Palmeiras foi o único time a conseguir impor alguma resistência ao Santos. Mas Pelé e companhia chegaram três pontos à frente e conquistaram mais um título. No entanto, Vavá já não fez parte daquele vice-campeonato, pois havia sido negociado e mais uma vez foi jogar em outro país, aos 30 anos de idade. Desta vez, no México, como atacante do América. Na primeira temporada pelo clube, conseguiu um quarto lugar no campeonato nacional. Brilhava por lá, como artilheiro da competição, outro brasileiro, bem menos conhecido do que o bicampeão mundial: Amaury Epaminondas Junqueira, jogador do Oro, que fez 21 gols em 30 partidas. Junqueira, que tinha jogado no Vasco e no São Paulo (campeão paulista em 1957), foi artilheiro mexicano mais uma vez dois anos depois. Vavá e Junqueira estiveram juntos no Vasco da Gama, em 1956.

Na temporada seguinte, entre 1965 e 1966, Vavá foi emprestado duas vezes: teve uma passagem pelo Elche da Espanha e pelo Toros Neza, no México, com desempenhos discretos em equipes de menor expressão. Na temporada seguinte, atuou no futebol dos Estados Unidos, pelo San Diego, na temporada 1967-68.

Fim de carreira no Brasil

Depois dessas experiências internacionais, Vavá retornou ao Brasil em 1968 para encerrar a sua carreira, mais uma vez no Rio de Janeiro. Mas desta vez para jogar na modesta Portuguesa da Ilha do Governador. Com pouco mais de 34 anos, encerrou a carreira.

O pernambucano Vavá continuou a sua vida no Rio de Janeiro depois de deixar os gramados. Passou a trabalhar como treinador, mas não conseguiu grande destaque na nova função. Seu momento mais importante aconteceu em 1982, quando foi convidado pelo técnico da

OS 11 MAIORES CENTROAVANTES DO FUTEBOL BRASILEIRO

seleção brasileira Telê Santana para atuar como assistente na Copa do Mundo da Espanha.

Vavá morreu em 19 de janeiro de 2002, com problemas cardíacos, no Rio de Janeiro. Tinha pouco mais de 67 anos de idade.

Vavá e Zagallo (com Garrincha à esquerda): cruzamentos precisos para um finalizador impecável.

ENTREVISTA
ZAGALLO

"Vavá era muito
mais do que um jogador
voluntarioso."

Mário Jorge Lobo Zagallo, multicampeão como jogador, técnico e coordenador da seleção brasileira, nasceu três anos antes de Vavá. Começou a carreira nas equipes de base do América (RJ) e transferiu-se para o Flamengo, no começo dos anos 1950. E já era atleta profissional da equipe quando chegou ao Rio de Janeiro o atacante Vavá, contratado pelo Vasco do Sport, de Recife – o atacante tinha apenas 17 anos quando chegou à então capital do país.

Os dois clubes dominaram o Campeonato Carioca no período que antecedeu à Copa do Mundo de 1958. O torneio de 1952 foi vencido pelo Vasco, mas depois seguiu-se um tricampeonato do Flamengo. Em 1956, o Vasco voltou a vencer. Só em 1957 a hegemonia da dupla foi quebrada pelo Botafogo. Em 1958, deu Vasco de novo – mesmo ano em que Zagallo transferiu-se para o Botafogo, enquanto Vavá, depois da Copa do Mundo da Suécia, foi jogar na Espanha. Eles só voltariam a se encontrar nas partidas da seleção brasileira e na Copa do Chile, em 1962.

No entanto, na lembrança de Zagallo não ficaram gravados grandes duelos nos confrontos entre clubes – a recordação que ele tem de Vavá é toda da seleção brasileira. "Fez muitos gols em lançamentos e cruzamentos meus. Na área ele dificilmente perdia uma chance."

Curiosamente, os dois estrearam juntos na seleção brasileira, pouco tempo antes da Copa da Suécia. Depois do Mundial de 1954, a seleção trocou constantemente de técnicos, não tinha um grupo definido e muito menos trabalho planejado. Isso só aconteceu no começo de 1958, quando o comando da equipe nacional foi entregue a Paulo Machado

OS 11 MAIORES CENTROAVANTES DO FUTEBOL BRASILEIRO

de Carvalho. No primeiro jogo com a nova direção, em maio, o Brasil enfrentou o Paraguai. Zagallo e Vavá estrearam juntos – os dois fizeram gols e garantiram lugar no grupo que pouco depois seguiu para a Europa, onde conquistaria pela primeira vez a Copa do Mundo.

Zagallo estrearia na competição da Suécia uma nova função para o ponta-esquerda: jogar mais recuado, auxiliando na marcação e na armação das jogadas no meio-campo. Segundo ele, ajudou muito o seu sucesso na tarefa o atacante Vavá. "Ele era muito inteligente, movimentava-se, tinha agilidade. Para os que jogavam no meio-campo, facilitava ter alguém lá na frente que sempre dava muita opção para a armação das jogadas."

Nesta entrevista, Zagallo fala de Vavá como um jogador muito além do Leão da Copa. Do companheiro brincalhão e divertido das concentrações, fundamental para as duas primeiras conquistas brasileiras na mais importante competição do futebol mundial.

O senhor já era jogador do Flamengo, em 1951, quando Vavá foi contratado pelo Vasco. Lembra da chegada dele ao Rio?
Para ser sincero, não. Naquela época, as notícias não chegavam tão rapidamente nos lugares. Muitas vezes tinha alguém jogando muito bem lá no nordeste e nós aqui no sudeste nem ficávamos sabendo. E quando ele veio, ainda não era um jogador importante, conhecido.

E os confrontos contra ele nos jogos entre Vasco e Flamengo?
Na verdade, não tenho nenhuma lembrança de maior destaque daqueles jogos. O Vavá ficou muito marcado na minha vida, na minha carreira, pelos nossos encontros na seleção brasileira. Ganhamos duas Copas do Mundo e conseguimos um grande entrosamento em campo.

O senhor só foi para a seleção pouco antes da Copa da Suécia.
Exatamente, fui chamado apenas nos amistosos de preparação, no primeiro semestre de 1958, quando o Paulo Machado de Carvalho assumiu o comando do trabalho e colocou o Vicente Feola como

técnico. Eles vieram me acompanhar num jogo no Maracanã, quando o Flamengo enfrentou o Botafogo. Eu sabia que estava sendo observado, joguei muito bem e tive a certeza de que teria a minha chance. Na convocação seguinte, meu nome apareceu. Foi na mesma convocação em que o Vavá também foi chamado pela primeira vez.

E vocês estrearam juntos na seleção?
Pois é, o Vavá tinha apenas 23 anos, eu já estava com 26. Nós dois fomos chamados e jogamos como titulares num amistoso contra o Paraguai, no Maracanã, em maio de 1958. O Brasil goleou por 5 a 1, o Vavá fez um gol e eu fiz dois. Pelé e Dida fizeram os outros. Começava a surgir a base do time que começaria a Copa pouco depois.

O Vavá ganhou o apelido de Leão da Copa e passou para a história como um jogador de força, voluntarioso. Qual era o estilo dele?
Na verdade, ele tinha essas características, mas era muito mais do que isso. Ele era um jogador muito inteligente, tinha grande movimentação, abria espaço para os outros jogadores. Tinha habilidade com a bola.

Mas ele não começou a Copa de 1958 como titular?
Na primeira partida, jogaram o Mazzola e o Dida, que era meu companheiro no Flamengo, como titulares. Mas já no jogo seguinte o Vavá foi escalado e não saiu mais da equipe. E foi uma peça muito importante para que ganhássemos aquele primeiro Mundial.

Ele entrou por uma questão tática?
Em parte, sim. Mas, acontece que o Dida já havia viajado com um problema no pé, mal conseguia chutar a bola com força, estava sentindo muitas dores. O Feola acabou escalando o Vavá na segunda partida e no terceiro jogo apareceu o Pelé.

Como foi o seu entrosamento com ele?
Como eu era um jogador que ficava mais recuado, vinha de trás com a bola, ele me ajudou muito. Porque se o centroavante fica parado lá na frente, no meio da área, você só tem uma possibilidade. Mas se ele se desloca, abre para o lado, dá alternativas para lançamentos. Na maioria das vezes ele abria pelo lado esquerdo, deixava espaço no meio para eu me aproximar e dava a opção de uma jogada pelo lado do campo. O Dida eu já conhecia do Flamengo, mas o entrosamento com o Vavá foi conseguido rapidamente.

Vocês conversavam na concentração para ganhar esse entrosamento?
Sabe que nós tínhamos até uma brincadeira. Muitas vezes eu encostava nele e dizia: "Se você está escalado eu já sei que vou jogar". E ele repetia a frase de volta para mim. Porque eu podia cruzar, fazer lançamentos para a área e sabia que ele sempre ia conseguir alguma coisa importante. Ele fez muitos gols em passes meus. Isso acontecia também com as jogadas do Garrincha, pelo lado direito. Ele chegava mais na linha de fundo, driblando, e nos cruzamentos o Vavá estava sempre ali para conferir. Ele se colocava sempre bem para vencer os zagueiros.

Na Copa de 1962 poderia ter jogado o Coutinho, mas ele estava machucado.
O Coutinho tinha outro estilo. Era um jogador rápido, mas que ficava mais centralizado, procurando as tabelinhas com o Pelé. Para o meu jeito de jogar, ter o Vavá facilitava a vida.

Vavá foi titular sem contestação em 1962?
Sim, principalmente depois que o Coutinho se machucou. O Vavá começou fazendo dupla com o Pelé, que depois teve que sair porque se contundiu. Foi aí que o Amarildo entrou no time, outro companheiro meu, naquela época no Botafogo.

A dupla funcionou bem?
Interessante é notar que o Amarildo fazia no Botafogo a mesma
função do Vavá na seleção. Era o centroavante, mas se deslocava
muito para os lados. O Amarildo jogava também de ponta-esquerda.
Como eram dois jogadores muito inteligentes, revezavam-se no
meio, abrindo para o lado e voltando para buscar o jogo. Claro que
o Pelé era o melhor jogador do mundo, mas o Amarildo fez o time
não sentir a falta dele naquele Mundial.

*Como era o espírito do Vavá no grupo, no relacionamento com os demais
jogadores?*
Ele era uma figura sensacional. Era muito expansivo, brincalhão,
todo mundo gostava dele. Era uma pessoa que ajudava muito,
descontraindo o ambiente, divertindo todo mundo.

*Em 1962, o Vavá já era jogador do Palmeiras e tinha atuado três
temporadas na Espanha. Essa experiência no exterior mudou o jeito dele
jogar?*
Não, nada disso. O Vavá em 1962 foi um jogador fundamental
para a conquista do título. Manteve a mesma forma de jogar,
movimentando-se, abrindo espaço e concluindo os meus
lançamentos, os cruzamentos do Garrincha. Bola na área era sempre
chance de gol quando o Vavá estava em campo.

CAPÍTULO 4 **MAZZOLA**

Campeão do mundo
pelo Brasil em 1958,
conquistou quatro títulos
na Itália. É até hoje o maior
artilheiro de uma edição da
Copa dos Campeões
da Europa, que venceu
em 1963.

Em mais de 20 anos de futebol profissional, foram perto de 800 gols. No Brasil é chamado pelo apelido Mazzola. Na Itália, fez fama com o sobrenome Altafini. Ganhou quase tudo que era possível e acabou radicado na Itália, onde desenvolveu a maior parte da sua carreira. E até hoje detém uma marca impressionante: o maior artilheiro de todos os tempos, com 14 gols em nove jogos numa única edição da Copa dos Campeões da Europa. Campeão do mundo com a seleção brasileira em 1958, perdeu a chance do bi em 1962 ao disputar o Mundial do Chile com a camisa azul da Itália, para onde havia se transferido em 1958.

No Brasil, Mazzola jogou pouco mais de um ano, muito jovem, com a camisa do Palmeiras. Ficou conhecido como Diabo Loiro. Ainda não tinha completado 19 anos quando foi convocado para a seleção brasileira e conquistou o Mundial na Suécia a um mês de chegar aos 20 anos. Foi o suficiente para que se abrissem as portas dos grandes clubes da Europa, principalmente os poderosos italianos – numa época em que ainda eram exceções os que jogavam no exterior. Foram quatro títulos italianos e 216 gols na primeira divisão: até hoje se mantém como o terceiro maior goleador da história da liga italiana.

O sucesso nos gramados europeus aliado à longevidade da carreira fixou Mazzola, já como Altafini, na Itália... Empresário bem-sucedido, graças ao dinheiro ganho com o futebol, continua ligado ao esporte como comentarista e apresentador de programas de televisão e rádio, além de ter colunas publicadas em jornais.

Cuíca de Piracicaba

Piracicaba, no interior de São Paulo, parece ser um celeiro de centroavantes, inclusive terra natal de dois personagens deste livro, dois dos maiores atacantes da história do futebol brasileiro: Coutinho, jogador do Santos; e antes dele, José João Altafini. Este, quando passou a se destacar no futebol, ainda na cidade natal, ganhou o apelido de Mazzola, mas quando criança, na família, era chamado de Cuíca. Nasceu em 24 de julho de 1938, caçula numa família com seis irmãos, descendentes de imigrantes italianos.

O garoto que jogava bola com os irmãos e colegas nas ruas da cidade, nos campinhos de pelada, passou para uma equipe com alguma organização em 1954, quando tinha pouco mais de 15 anos e integrou o time do União do Porto. Por pouco tempo, porque o seu desempenho logo chamou a atenção do Atlético Piracicabano. Ainda não era o centroavante que faria muitos gols no Palmeiras, na seleção brasileira e em alguns clubes da Itália. Atuava como meia-armador, com habilidade e velocidade.

Naquele tempo, o Palmeiras tinha representantes espalhados pelo interior e foram os de Piracicaba que viram aquele garoto loiro nos jogos amadores e resolveram fazer um convite para que ele fosse a São Paulo fazer testes para o juvenil do clube. Mazzola foi junto com mais alguns adolescentes da região, passou e ficou. Contou com a colaboração do time de Piracicaba, que não impôs restrições à sua transferência para o clube da capital. O apelido era consequência de ser fisicamente parecido com Valentino Mazzola, um dos grandes nomes do futebol italiano dos anos 1940 – há quem acredite que ele poderia ter sido o grande protagonista dos Mundiais de 1942 e 1946, não tivessem os dois eventos sido cancelados em razão da Segunda Guerra Mundial.

Sucesso no Palmeiras

Logo na estreia no juvenil da equipe paulistana, Mazzola fez três gols numa partida contra o Juventus, que terminou com goleada do Palmeiras por 7 a 1. Ainda como jogador amador, o garoto de Piracicaba morou durante um ano nos alojamentos do clube, no próprio Estádio Palestra Itália. Ele realizou apenas três partidas na equipe juvenil B. Mas bastaram para ser promovido para o juvenil A. Em 1956, foi campeão paulista da categoria e começou a se destacar. Foi nessa época que passou a ser testado e começou a jogar como centroavante.

O bom desempenho naquele campeonato proporcionou sua promoção para a equipe profissional e a assinatura do primeiro contrato com o clube – tinha 18 anos de idade. A estreia no time principal aconteceu num jogo contra a Catanduvense, no interior de São Paulo. O Palmeiras perdeu por 3 a 2, no entanto Mazzola fez os dois gols. Aquele era um grupo de jogadores envelhecidos e jovens como ele passaram a ocupar com mais frequência as vagas titulares. Mazzola, aos poucos, foi substituindo um ídolo da história do clube, Jair da Rosa Pinto. O técnico Aymoré Moreira fora contratado exatamente para promover a renovação.

Pouco depois de aparecer entre os profissionais, Mazzola foi convocado para a seleção paulista e disputou o Campeonato Brasileiro de Seleções, conquistando seu primeiro título. "Era um jogador rápido, não era muito alto. Mas era forte, tinha uma boa visão de gol, chutava bem. Não era uma potência no chute como o Pepe, mas tinha muita precisão", lembra Valdir de Moraes, goleiro histórico do clube paulista, que jogou com ele durante dois meses, antes de Mazzola se transferir para a Europa.

O Palmeiras fez uma campanha muito ruim no Torneio Rio-São Paulo de 1957, terminando na oitava colocação, entre dez participantes. No Campeonato Paulista daquele ano, no segundo semestre, o Palmeiras estreou com uma goleada sobre o Noroeste, de Bauru: 5 a 2. Mazzola fez todos os gols do time. Mesmo assim, no estadual a campanha outra vez foi fraca: apenas o sétimo lugar. Naquele torneio, Pelé foi artilheiro pela primeira vez do Campeonato Paulista.

Jogo espetacular

O Torneio Rio-São Paulo de 1958, nos primeiros meses do ano, registrou um dos jogos mais notórios da história do futebol brasileiro e uma das grandes atuações de Mazzola com a camisa do Palmeiras. Segundo muitos que tiveram a chance de presenciar aquela partida em 6 de março, no Pacaembu, Mazzola teve uma noite de Pelé.

O Palmeiras começou vencendo com um gol de Urias, mas Pelé conseguiu empatar logo depois. Pagão virou o placar e aí foi a vez de Nardo conseguir a igualdade. Mas antes do final do primeiro tempo, o Santos conseguiu marcar três vezes (Dorval, Pepe e Pagão). O Palmeiras, que era dirigido por Oswaldo Brandão, foi para o vestiário com a partida perdida. Foi a entrada do uruguaio Carballo no ataque que serviu para mudar o panorama, principalmente porque a seu lado o futebol de Mazzola cresceu. O Palmeiras virou o placar para 6 a 5 (gols de Mazzola, Urias, Paulinho e Ivan).

Quando mais uma vez a partida parecia decidida, desta vez a favor do Palmeiras, o esforço despendido na virada e um vacilo diante de uma equipe que dominaria o cenário mundial dos anos seguintes levaram a uma nova reviravolta no placar. Com dois gols de Pepe, o Santos venceu a partida por 7 a 6. Mazzola, apesar da derrota, saiu de campo como o grande nome da partida, justificando o apelido que a mídia da época adorava utilizar: Diabo Loiro. Milton Buzzeto, que cresceu com Mazzola em Piracicaba e com ele veio para o Palmeiras, para depois seguir carreira em outras equipes até virar treinador, declarou, alguns anos depois, sobre o amigo Mazzola: "Aquele foi o melhor jogo dele no Brasil. Ele fez jogadas de Pelé".

Na seleção de 1958

Ainda no seu primeiro ano como profissional (1957), Mazzola teve a sua chance na seleção brasileira, convocado por Sylvio Pirillo. Foi num amistoso contra Portugal, disputado em 16 de junho, no Pacaembu. Aos 19 anos, ele entrou no segundo tempo no lugar de Pagão (atacante do Santos) e fez um dos gols da vitória brasileira de 3 a 0. Menos de um mês depois, no começo de julho, Mazzola foi titular em duas partidas contra a Argentina, válidas pela Copa Roca. No primeiro jogo, no Maracanã, o Brasil perdeu por 2 a 1. Este jogo foi o da estreia de Pelé com a camisa da seleção brasileira. Ele fez o

Na Copa de 1958 com a camisa do Brasil: dois gols em três partidas.

Arquivo/Agência O Globo

gol, mas os argentinos venceram por 2 a 1. No segundo, no Pacaembu, reação e vitória brasileira por 2 a 0 (gols de Pelé e Mazzola).

No entanto, a seleção brasileira vivia um período de muita desorganização e troca constante de técnicos. O presidente da Confederação Brasileira de Desportos (CBD), João Havelange, resolveu entregar o comando do projeto para a disputa da Copa do Mundo da Suécia, em 1958, para Paulo Machado de Carvalho, empresário paulista das comunicações. Ele nomeou Vicente Feola para o cargo de técnico.

Só em maio de 1958 o time começou a realizar jogos de preparação para o Mundial. Mazzola ficou fora das partidas contra o Paraguai, pela Taça Osvaldo Cruz. Mas foi titular em dois amistosos contra a Bulgária (vitórias de 3 a 1 e 4 a 0), Corinthians (5 a 0), Fiorentina (4 a 0) e Internazionale (4 a 0). O centroavante fez quatro gols e chegou à Suécia como titular, formando dupla de ataque com Dida, atleta do Flamengo. Pelé estava machucado desde o amistoso contra o Corinthians e Vavá era o atacante reserva. Mazzola tinha 20 anos.

Estreia com gols

O Brasil estreou na Copa contra a Áustria. E venceu por 3 a 0. O primeiro foi de Mazzola: lançado pela direita, dentro da área, ele colocou a bola no canto. No segundo tempo, Nilton Santos fez 2 a 0 e perto do final Mazzola foi lançado pela esquerda, ganhou na corrida de um zagueiro e fechou o placar. Na segunda partida, Mazzola permaneceu titular, no empate de 0 a 0 contra a Inglaterra. Seu companheiro no ataque, no entanto, mudou: Dida deu lugar a Vavá. No último jogo da fase de classificação, o Brasil derrotou a União Soviética por 2 a 0 e Mazzola perdeu a vaga no time titular para Pelé, que, recuperado da contusão, formou a dupla de ataque com Vavá.

No primeiro jogo dos confrontos eliminatórios, a seleção brasileira enfrentou o País de Gales. Vavá não pôde jogar e Mazzola voltou à equipe titular. Ele fez dupla de ataque com Pelé e teve a chance de presenciar o primeiro gol daquele adolescente de 17 anos numa Copa do Mundo (o Brasil venceu por 1 a 0). Foi a última partida do piracicabano jogador do Palmeiras com a camisa da seleção brasileira. Atuando em três partidas e marcando dois gols, ele contribuiu para a primeira conquista do Brasil numa Copa do Mundo.

Mazzola voltaria a disputar um Mundial, em 1962, mas com outra camisa, como se verá a seguir. Jogou apenas 11 partidas pela seleção brasileira e marcou oito gols (média de 0,72 gol por jogo).

Na Itália, Altafini

Mesmo antes da Copa de 1962, clubes europeus já estavam interessados no futebol de Mazzola, por isso, ao retornar da Europa, não demorou para que recebesse propostas para se transferir do Palmeiras. Elas vieram, principalmente, da Itália. Após anos de maus resultados, e em crise financeira, vender o atacante pareceu ao alviverde uma boa saída para, com o dinheiro, tentar montar uma equipe mais forte para as competições seguintes. O destino do atacante de apenas 20 anos foi o Milan. A negociação já havia sido iniciada antes mesmo do Mundial e sacramentada quando a competição terminou.

Se no Brasil era conhecido com o nome de um ídolo italiano, quando chegou à Itália deixou de ser Mazzola para ser chamado pelo próprio sobrenome, Altafini. E logo na terceira rodada do Campeonato Italiano fez o seu primeiro gol em jogos oficiais pelo novo clube, numa goleada de 4 a 2 sobre o Bari, em 5 de outubro de 1958. Mesmo tendo que enfrentar a adaptação a outro país e a um jeito diferente de jogar futebol, teve um desempenho excelente. Terminou como vice-artilheiro da competição, com 28 gols (cinco a menos que Angelillo, da Inter) e o Milan conquistou o título, com três pontos de vantagem sobre a Fiorentina. Altafini jogou em 32 das 34 partidas – sua média foi 0,94 gol por jogo.

Na segunda temporada com Altafini (1959-60), o Milan terminou em terceiro lugar. O brasileiro foi o artilheiro da equipe, mas ficou em quarto entre os goleadores do Campeonato Italiano (fez 20 gols, contra 28 de Sivori, da Juventus). Na temporada 1960-61, foram 22 gols marcados por Altafini no Campeonato Italiano e um vice-campeonato com o Milan, seis pontos atrás da Juventus. O artilheiro da competição foi Brighenti (Sampdoria), autor de 27 gols.

Dupla nacionalidade

Neto de italianos, ele possuía dupla cidadania. E com o futebol que estava jogando, despertou interesse da seleção italiana. Vale lembrar que, naquela época, os regulamentos da Fifa permitiam que um jogador atuasse por seleções diferentes, desde que tivesse a cidadania dos países. Assim, em outubro de 1961, pouco mais de três anos depois de ter sido campeão do mundo com a camisa da seleção brasileira, Altafini estreou pela Itália.

Os primeiros jogos foram as Eliminatórias que garantiram a ida dos italianos ao Mundial do Chile, no ano seguinte. Um confronto contra Israel. No primeiro confronto, em outubro, em Tel-Aviv, Altafini estreou e marcou o seu na goleada de 4 a 2. Na partida de volta, outra goleada italiana (4 a 0), em Turim – ele foi titular, mas não marcou. Na preparação para a Copa do Mundo, a Itália realizou dois amistosos, com duas vitórias: 2 a 1 sobre a França, em Firenze (dois gols de Altafini) e 3 a 1 sobre a Bélgica, em Bruxelas (mais dois dele). E na condição de titular da equipe italiana, o brasileiro naturalizado chegou ao Chile para disputar a sua segunda Copa do Mundo.

Eliminação precoce

Altafini foi titular nos dois primeiros jogos da Itália no Mundial: empate de 0 a 0 contra a Alemanha Ocidental e derrota para o Chile (2 a 0). No terceiro jogo, os italianos conseguiram uma boa vitória (3 a 0) sobre a Suíça, mas Altafini não atuou, porque o técnico da equipe resolveu mudar quase o time todo. A seleção italiana acabou eliminada ainda na primeira fase e voltou mais cedo para casa – e Mazzola perdeu a chance de conquistar o segundo título, já que quase todos os seus companheiros da Copa de 1958 estavam na seleção brasileira que chegaria ao bicampeonato.

Em 2008, quase 50 anos depois de ter disputado a Copa do Mundo pela Itália, o brasileiro declarou o seu arrependimento. Numa entrevista para o repórter Bruno Vicari, da *Rádio Jovem Pan* de São Paulo, ele disse:

– Eu era muito jovem, tinha apenas 20 anos quando cheguei à Itália. Não sabia direito o que estava acontecendo. Fui convidado a jogar pela Itália e não achei que estava fazendo nada errado. Mas teve jornal no Brasil que me chamou de traidor, de mercenário, embora eu não tenha ganhado nada com essa história. Muitos anos depois é que eu comecei a entender e me arrependi de ter jogado na seleção italiana.

No raciocínio de Altafini, ele poderia ter sido tricampeão mundial como jogador, junto com Pelé. Ele acredita que teria sido convocado pela seleção brasileira para o Mundial do Chile, e que teria boas chances de estar na seleção campeã do mundo no México, em 1970: "Eu tinha só 32 anos em 1970, o Brasil tinha dificuldades com atacantes, tanto que o Tostão jogou improvisado. E jogou muito bem. Mas eu poderia ter ido àquela Copa também". Depois da Copa do Chile, ele não foi mais convocado para atuar pela seleção italiana.

Campeão e artilheiro da Europa

Na temporada 1961-62, o Milan voltou a conquistar o Campeonato Italiano, com cinco pontos a mais que a rival de Milão, a Internazionale. E Altafini terminou em primeiro lugar entre os goleadores, ao lado de Milani, jogador da Fiorentina. Os dois marcaram 22 gols. O brasileiro atuou em 33 partidas das 34 da equipe no campeonato (média de 0,66 gol por jogo).

Campeão italiano, o Milan credenciou-se para a disputa da Copa dos Campeões da Europa na temporada seguinte. O desempenho de Altafini até hoje não foi superado: o Milan foi campeão e ele conseguiu 14 gols, a maior marca já obtida até hoje numa só edição da competição. O Milan disputou nove partidas para chegar ao título. A média de Altafini foi impressionante: 1,55 gol por jogo. A equipe italiana deixou pelo caminho US Luxemburgo (Luxemburgo), Ipswich Town (Inglaterra), Galatasaray (Turquia) e Dundee (Escócia). Na final, enfrentou o Benfica (Portugal), em Londres, no Estádio de Wembley. O Milan venceu por 2 a 1 – Eusébio fez o gol da equipe portuguesa, mas Altafini marcou duas vezes e virou o placar para o Milan. A atuação naquela final rendeu a Altafini, que no Brasil era conhecido como Diabo Loiro, outro apelido: Leão de Wembley.

Na temporada seguinte, como campeão, o Milan entrou na segunda fase da Copa dos Campeões. Eliminou o IFK Norrköping (Suécia), mas acabou desclassificado nas quartas de final pelo Real Madrid, no saldo de gols, depois de perder por 4 a 1 fora de casa e ganhar de 2 a 0 em Milão. Na mesma temporada (1962-63), o Milan terminou o Campeonato Italiano na terceira colocação (a Inter foi campeã) e Altafini marcou apenas 11 gols. A dedicação do clube e a do artilheiro nesse ano estavam voltadas à conquista da competição europeia, da qual o Milan foi o primeiro italiano a ficar com a taça.

Derrota para Pelé

Em 1963, o Milan teve de enfrentar o Santos na decisão do Torneio Intercontinental, como era conhecido aqui no Brasil o torneio equivalente ao Mundial de Clubes. Na época, o campeão da Europa enfrentava o campeão da América do Sul em dois jogos – um em cada continente. O Santos era o campeão do ano anterior, quando ganhou do Benfica. Era a equipe formada por Gilmar, Zito, Dorval, Mengálvio, Coutinho, Pelé, Pepe. O primeiro jogo foi disputado na Europa, em Milão, em 16 de outubro de 1963. Vitória dos italianos por 4 a 2 – o destaque foi Amarildo, que fez dois dos quatro gols. Pelé marcou duas vezes para o Santos.

Em 14 de Novembro, no Maracanã, perto de 150 mil pessoas acompanharam o segundo jogo. O Santos conseguiu empatar a série, fazendo o mesmo placar de 4 a 2. Altafini marcou o primeiro gol do jogo – o

Milan chegou a abrir 2 a 0 em 17 minutos – mas o Santos teve forças para conseguir a virada. Foi necessária a disputa de uma terceira partida, mais uma vez no Maracanã. E o Santos venceu por 1 a 0.

Muito anos depois, Mazzola declarou que aquele foi o título que lhe faltou: "Acredito que aquela foi a única conquista importante que me escapou. Houve, na minha opinião, uma cumplicidade do juiz argentino, Juan Brozzi, quando perdemos a taça para o Santos".

Na temporada 1963-64, Altafini teve outro brasileiro como companheiro de ataque na Itália: Amarildo, que na Copa do Mundo do Chile havia entrado no lugar de Pelé, quando este se contundiu. Apelidado de "Possesso", Amarildo fez gols decisivos na campanha do bicampeonato da seleção nacional. No Campeonato Italiano, eles dividiram os gols da equipe que mais uma vez terminou em terceiro lugar (o surpreendente Bologna foi campeão): Amarildo fez 14 e Altafini fez 13 gols – o artilheiro foi Nielsen, do time campeão, com 21 gols.

Mudando de casa

A temporada 1964-65 foi a última de Altafini pelo Milan. Ele pretendia retornar ao Brasil, mas o Milan não concordou. Ele mesmo contou, numa entrevista ao *Diário Popular*, em 1985:

– Em 1964, eu queria voltar para o Brasil porque não estava de acordo com o contrato que eles me ofereceram. Mas o Milan não me vendeu. Fiquei quase sete meses sem jogar, aqui no Brasil, esperando que aquela situação fosse resolvida. Quando retornei para a Itália, eles me venderam para o Napoli.

Por ter ficado tanto tempo afastado da equipe, quase não jogou e marcou apenas três gols. O clube foi vice-campeão, perdendo o campeonato para a Inter. Depois do litígio, viajou do norte para o sul do país para integrar-se ao Napoli. O clube havia subido na temporada anterior para a primeira divisão, depois de dois anos na Série B. E logo no primeiro campeonato o atacante ajudou na conquista de um resultado surpreendente: terceiro lugar. Altafini foi o quarto na lista dos artilheiros, com 14 gols marcados. Na temporada seguinte (1966-67), um quarto lugar para o Napoli no Campeonato Italiano, mais uma vez com Altafini como principal goleador da equipe (terceiro da competição), com 16 gols. O segundo lugar conquistado em 1967-68 marcou uma das suas últimas temporadas ainda com uma boa quantidade de gols e sendo aproveitado na maioria dos jogos (fez 13 gols). Estava com 30 anos e o declínio técnico era evidente, embora a carreira ainda fosse durar muitos anos.

Disputou mais quatro temporadas pelo Napoli, marcando 24 gols. O clube oscilou entre o terceiro e o oitavo lugares. Quando o fim da vida de jogador parecia se aproximar, ele conseguiu dar a volta por cima e conquistar novos títulos.

Rumo a Turim

Aos 34 anos, recebeu passe livre do Napoli, como uma gratificação pelos serviços prestados, e assinou contrato com a Juventus de Turim. E mesmo sem ser titular absoluto, ajudou o clube a conquistar o Campeonato Italiano e chegar à final da Copa dos Campeões da Europa na temporada 1972-73.

Na competição continental, a Juventus eliminou o Olimpique de Marselha (França), Magdeburg (Alemanha Oriental), Újpest Dózsa (Hungria) e Derby County (Inglaterra) até chegar à final contra o Ajax, da Holanda. A partida decisiva foi jogada em Belgrado, na Iugoslávia. O clube holandês venceu por 1 a 0, chegando ao segundo troféu dos três conseguidos consecutivamente naquele período, e revelando os jogadores que formariam a base da seleção holandesa que brilhou e chegou à final da Copa do Mundo de 1974, na Alemanha. Altafini foi titular da Juventus nos três últimos confrontos e marcou três gols.

Já no Campeonato Italiano daquela temporada, Mazzola teve participação decisiva no começo do torneio, quando a equipe de Turim começou a dominar a competição: na quarta rodada, entrou no jogo contra o Áscoli e marcou dois na goleada de 4 a 0. Na partida seguinte, mais dois gols nos 3 a 1 sobre o Sampdoria, fora de casa. Na décima rodada, enfrentou o antigo clube, o Napoli. Mesmo jogando no campo do adversário, a Juventus goleou por 6 a 2 e Altafini marcou mais uma vez. Os gols do brasileiro voltaram a fazer a diferença na parte final da competição.

Juventus e Napoli disputavam a liderança, com dois pontos de vantagem para a equipe do Norte da Itália. Na 25ª rodada, foi a vez do Napoli atuar em Turim e Altafini estava na reserva. Era um jogo decisivo, quase uma final do campeonato. Causio abriu o placar para a Juventus, mas Juliano conseguiu o gol de empate. Aos 25 minutos da etapa final, Altafini entrou para marcar o gol da vitória quando faltavam apenas dois minutos para a partida terminar. O triunfo fez a Juventus abrir quatro pontos de vantagem, liderança que não perdeu mais até a conquista do título. Os napolitanos passaram a chamar Altafini de *Cuori ingrato* (coração ingrato), por ter ajudado a impedir a conquista do Napoli.

Nas duas rodadas seguintes, Altafini voltou a marcar mais três vezes no empate (1 a 1) com o Cagliari fora de casa e nos 4 a 0 sobre o Lazio. A equipe de Turim terminou com o título por apenas dois pontos de vantagem sobre o Napoli. A conquista levou o clube à disputa da Copa dos Campeões da Europa da temporada seguinte, mas a participação foi um fracasso: eliminação logo na primeira fase, diante do Dynamo Dresden, da Alemanha Oriental.

Mais um renascimento

Na temporada seguinte, a Juventus terminou como vice-campeã italiana e Altafini marcou sete gols. O clube voltou a ser a campeã italiana em 1974-75, com oito gols do atacante brasileiro. Classificada para a Copa dos Campeões da Europa seguinte, a Juventus daquela vez não foi bem na competição europeia: depois de passar pelo CSKA Sofia, da Bulgária, na primeira fase, acabou eliminada pelo Borussia Mönchengladbach. A carreira de Altafini na Itália terminou quando ele completava 38 anos, depois do Campeonato Italiano de 1975-76, mas o encerramento teve o último grande momento do brasileiro em solo italiano.

Depois de liderar a competição e ter quase assegurado o título com muita antecedência, a Juventus teve uma queda de rendimento, ficou três rodadas sem vencer e viu o arquirrival da cidade de Turim, o Torino, tirar a vantagem e assumir a liderança da competição. Num jogo contra o Áscoli, disputado na cidade de Bergamo, o placar marcava 1 a 1, resultado que praticamente tirava da Juventus a chance de continuar lutando pelo campeonato. Alguns quilos acima do peso, calvo, Altafini estava no banco de reservas. E foi chamado para entrar em campo aos 21 minutos do segundo tempo, quando a torcida do time já vaiava o mau futebol apresentado mais uma vez. Na primeira jogada, ao receber a bola do lado esquerdo do campo, o centroavante deu um chute certeiro de pé direito e fez o gol da vitória – o único dele no Campeonato Italiano daquela temporada. No dia seguinte, como nos velhos tempos, sua fotografia estava de volta às primeiras páginas dos jornais italianos, destacando os feitos daquele quase vovô do futebol.

Apesar de trazê-lo de volta para o noticiário, aquele gol deu esperança mas não salvou a Juventus, que no final terminaria como vice-campeã, com dois pontos atrás do Torino, que levantou a taça. Aquele gol foi o último de Altafini na Itália. Foram 18 anos em três clubes de lá, quatro títulos nacionais (dois pelo Milan e dois pela Juventus), além da Copa dos Campeões da Europa de 1963 e um vice-campeonato europeu dez anos depois. Marcou 216 gols na primeira divisão italiana. É, até hoje, o terceiro maior goleador da Série A daquele país.

Veterano na Suíça

Rico, com 38 anos de idade e já apenas como uma sombra do que fora em tempos anteriores, a carreira de Altafini chegara ao fim, certo? Nada disso, ele recebeu um convite para jogar no futebol da Suíça, na parte italiana do país, e aceitou. E lá foi ele, em 1976, atuar pelo Chiasso, na segunda divisão. E foi o terceiro artilheiro da competição, com 13 gols em 30 partidas. A equipe terminou em quinto lugar no torneio. Na última partida do campeonato, contra o Lugano, anunciou que estava parando definitivamente com o futebol, pelo menos na condição de jogador.

– Agora chega. Do futebol tirei tudo: dinheiro, fama, sucesso. Acho que marquei uns 800 tentos, jogando durante 23 anos, no Brasil, na Itália, na Suíça. Fui campeão do mundo pelo Brasil, quatro vezes campeão italiano, campeão da Europa com o Milan –, declarou ele, em junho de 1977, ao *Jornal da Tarde*. Estava perto de completar 39 anos e fazia planos para atuar como relações-públicas da Juventus.

A carreira, de fato, terminou ali. Altafini fixou residência na Itália, passou a viver do dinheiro que acumulou em tantos anos de futebol e das empresas que abriu enquanto ainda jogava. Mas teve uma recaída cinco anos depois. No começo de 1982, quando já estava com mais de 43 anos, foi convidado por um amigo, presidente do Mendrisiostar para disputar nove partidas pela equipe, também integrante da segunda divisão da Suíça. Ele foi chamado diante da ameaça de rebaixamento do clube para a terceira divisão. O clube escapou, e Mazzola ganhou um automóvel Jaguar por aquele final de temporada.

Comentarista de TV

Antes de encerrar a carreira como jogador de futebol, Mazzola já possuía bem-sucedidas empresas na Itália e no Brasil. A principal delas, uma importadora de instrumentos de precisão, em Milão. Era dono de representações de contêineres na Itália, além de ter participação em duas fábricas no Brasil. E muitos imóveis na Itália, na Espanha e no Brasil.

Depois da primeira passagem pelo futebol suíço, Altafini continuou ligado ao futebol, iniciando uma trajetória de sucesso como comentarista e apresentador de programas esportivos em emissoras de rádio e televisão. Atividades que exerce até hoje. Também escreve sobre futebol para diversas publicações.

Travaglini, companheiro de Mazzola no Palmeiras: o atacante era veloz e habilidoso.

ENTREVISTA
MÁRIO TRAVAGLINI

"O Mazzola era muito
rápido e jogador
de habilidade
extraordinária."

Para os mais jovens, Mário Travaglini ainda é lembrado como um técnico de carreira muito consistente e com títulos em alguns dos principais clubes brasileiros. Foi um dos poucos técnicos a ganhar tanto o Campeonato Paulista quanto o Carioca. No entanto, muitos anos antes, Travaglini foi também jogador de qualidades bem razoáveis. Era zagueiro, atuou pelo Ipiranga, Nacional, Palmeiras e Ponte Preta. Na sua passagem de pouco mais de dois anos pelo Palmeiras, teve a oportunidade de jogar durante quase um ano com Mazzola.

As recordações são as melhores, embora o Palmeiras vivesse uma fase conturbada, com resultados ruins. Por isso mesmo, a equipe era modificada constantemente. O sucesso muito rápido de Mazzola no time profissional do Palmeiras, a precoce convocação para a seleção brasileira, a ida com apenas 20 anos para a Copa do Mundo, a venda para a Itália, a disputa de um Mundial por outra seleção... Nenhum desses acontecimentos da vida do atacante que ficou conhecido no Brasil como Diabo Loiro causa espanto ou surpresa em Travaglini. "Para quem conhecia o futebol do Mazzola e sabia como ele era, essas coisas todas foram muito naturais. Ele era excelente jogador, uma pessoa que se entrosava fácil com os outros."

A grande polêmica na vida do atacante brasileiro – a disputa da Copa de 1962 pela Itália – para Travaglini, chamou muito a atenção na época porque era algo pouco comum.

— Já era raro alguém sair daqui para jogar na Itália. Jogar por uma seleção, então, gerava muito espanto. Mas ele tinha o passaporte italiano, foi convidado e aceitou. Hoje em dia, muitas seleções têm jogadores brasileiros que se naturalizaram só para poder jogar uma Copa do Mundo. Mas aqueles eram outros tempos.

Na entrevista que você acompanha a seguir, Travaglini conta um pouco do começo da carreira de Mazzola no futebol brasileiro, quando deixou Piracicaba ainda adolescente para integrar a equipe do Palmeiras.

Você e Mazzola jogaram muito tempo juntos no Palmeiras?
Eu fui para o Palmeiras em 1955. E ele chegou um pouco depois, mas para a equipe juvenil. Logo ele começou a jogar com os profissionais. Ele ficou pouco tempo no Palmeiras, que na época mexia muito no grupo, tinha muitos problemas, sempre queriam renovar o time. Nós jogamos em 1957, porque depois eu fui emprestado para o Nacional e ele foi para a Europa logo em seguida. A passagem dele foi muito rápida no time profissional.

Algum jogo em especial ficou marcado naquele período?
Uma vez nós fomos fazer um amistoso no interior, numa fase em que o time não estava bem. Eu e o Mazzola estávamos no banco, o Palmeiras perdendo. O Aymoré Moreira era o técnico.
No intervalo, resolveu colocar eu e o Mazzola para jogar. Eu era zagueiro e ele entrou no ataque. Nós conseguimos virar a partida e ele fez dois ou três gols. Foi uma atuação espetacular. Ele era um garoto, morou um tempo lá mesmo no Palmeiras; depois, quando já estava nos profissionais, foi morar num sobradinho bem em frente ao Palestra Itália.

Como era o jeito de ele jogar?
Hoje, ele seria considerado um meia-atacante. Para as pessoas terem
uma noção mais exata, a posição dele era parecida com a do Diego
Souza. Na época, a gente falava que ele era o 8,5. Era meia, mas um
meia que atacava. O camisa 8 era mais jogador de meio-campo e
o número 9 era o centroavante fixo na área. Ele fazia uma função
entre os dois, daí o 8,5. Mais ou menos como o Zico, muitos anos
depois. Ele atacava muito e finalizava bem dentro da área.

Quais eram as principais características?
Era rápido, muito veloz. E um atleta forte. Tinha estatura mediana
e habilidade extraordinária. Arrancava em direção a área e era difícil
segurar. Atualmente, ele jogaria tranquilamente em qualquer equipe.
Uma pena que hoje os clubes prefiram as academias, os jogadores
fazem muita musculação. Naquele período, os times se preocupavam
mais com a parte aeróbica. Mas de qualquer forma, como agora, o
que decide mesmo é o talento, o craque sempre estará à frente dos
demais, seja na força, na velocidade, na habilidade. É fundamental
ser inteligente para fazer sucesso no futebol.

No dia a dia, como ele se relacionava com os outros jogadores?
Era uma pessoa maravilhosa, muito brincalhão, boa gente, se dava
bem com todo mundo. Mazzola sempre foi uma pessoa amiga. Ele
não procurava ser diferente com ninguém. Mesmo depois que foi
para a Itália, onde ficou mais famoso, rico, sempre que vinha para cá
encontrava os amigos, queria saber de todo mundo. Ele era muito
comunicativo. Acho que até por isso ele acabou ficando na Itália,
está lá até hoje.

Com 19 anos ele foi chamado para a seleção, em 1957. Ficou surpreso?
Surpresa nenhuma. Porque eu convivia com ele no dia a dia do Palmeiras. Muitas vezes quem está do lado de fora não tem muita noção, mas quando você está próximo, vendo as coisas acontecerem nos jogos e nos treinamentos, dá para perceber quando o jogador sabe bater na bola, lançar, concluir, enfim, sabe executar todos os fundamentos no futebol, tem velocidade. Apesar de o Palmeiras não estar bem naquela época, ele fez partidas memoráveis. Tudo tem seu tempo. Ele foi para a seleção, jogou a Copa, logo se transferiu para a Itália.

E ir jogar na Itália no final dos anos 1950 não era comum.
Exatamente. Era uma coisa rara, poucos jogadores saíam daqui para jogar na Europa, ainda mais na Itália. Ele foi, marcou muitos gols, ganhou títulos lá. Quando parou, fez carreira como comentarista. A personalidade dele facilitou o relacionamento com as pessoas, com outros jogadores. Logo se adaptou ao futebol de lá, à vida em outro país.

E qual foi a sua reação ao saber que ele foi convocado para a seleção da Itália?
Acredito que tenha sido uma coisa natural, porque ele tinha a nacionalidade italiana. Não foi surpresa a seleção querer aproveitá-lo, já que ele estava jogando muito bem na sua equipe, o Milan, naquela época.

É verdade que ele foi muito criticado aqui no Brasil por ter jogado por outro país?

As coisas não eram como agora. Hoje vários brasileiros estão jogando em outras seleções. E ninguém fala nada. Mas, naquela época, isso não era comum, então chamava a atenção, chocava um pouco. E aí a notícia fez muito barulho por aqui, as pessoas comentavam. No entanto, não chegou a ser criticado por causa disso. Hoje em dia, tem brasileiro jogando por Portugal, Tunísia, Espanha e as pessoas nem se lembram. Em 1962, tudo era novidade, tudo surpreendia. A forma de as pessoas pensarem nisso era outra.

O desempenho dele na Itália provocava repercussões por aqui?

Na época, pouca coisa a gente ficava sabendo, ou descobria muito tempo depois. Só mesmo quando era uma coisa muito grandiosa. Naquele começo dos anos 1960, na verdade, os acontecimentos daqui repercutiam muito mais lá do que os de lá aqui. O Brasil era o país que tinha a seleção bicampeã do mundo, que encantava com os seus craques. Tanto que os times brasileiros viviam excursionando pela Europa, jogando contra as grandes equipes de lá.

Chegou a encontrar com o Mazzola depois que ele virou Altafini e ficou morando na Europa?

Quando ele vinha para o Brasil, para São Paulo, de vez em quando nos encontrávamos. Ele não mudou nada, mesmo na época em que era estrela lá na Europa. Sempre procurou pelas pessoas, pelos antigos companheiros. Há pouco tempo ele veio ao Brasil para gravar entrevistas para o programa dele, mas foi muito rápido.

CAPÍTULO 5

COUTINHO

Craque precoce, com 16 anos já era titular do Santos. Aos 17, estreou na seleção brasileira. Campeão do mundo sem jogar em 1962, passou para a história como o melhor companheiro de ataque que Pelé teve.

Ter visto Pelé, ter enfrentado Pelé em campo, são experiências inesquecíveis. Ter jogado no mesmo time do maior jogador de futebol de todos os tempos, permitiu a muita gente entrar para a história. O que dizer, então, de alguém que se imortalizou como o maior parceiro do Rei? E mais: ter sido confundido muitas vezes com ele na velocidade do jogo, figura essencial em alguns dos momentos mais importantes da carreira? Só um ser humano tem esse privilégio: Coutinho. Precoce como Pelé, chegou ao Santos com pouco mais de 14 anos, estreou na equipe profissional com 15, já era titular aos 16, jogou pela primeira vez na seleção brasileira principal com 17.

Foram 12 anos de Santos, depois ainda percorreu alguns outros clubes, mas a carreira terminou precocemente. Embora tenha parado de jogar com 30 anos, no Saad de São Caetano (SP), praticamente desde os 25 já não conseguia apresentar o mesmo futebol que o colocou com a camisa 9, ao lado de Pelé.

O atacante sempre teve muita dificuldade para manter um peso compatível com a vida de atleta, ainda mais para quem utilizava a velocidade como arma. Teve também uma contusão no joelho que o incomodou desde os 19 anos. Foi esse problema, principalmente, que impediu Coutinho de jogar a Copa do Mundo de 1962, no Chile, competição na qual deveria ser o titular. É campeão do mundo, porque viajou, estava no grupo, tinha esperança de entrar em campo, mas só viu as partidas da arquibancada. A decisão de Coutinho de protelar ao máximo a cirurgia acabou levando a problemas mais delicados, roubando muito da agilidade do jogador que vestiu apenas 15 vezes a camisa da seleção e com ela fez seis gols.

No Santos, disputou 457 partidas e marcou 370 gols (média de 0,8 gol por jogo). Conquistou 22 títulos. Os mais importantes: quatro Torneios Rio-São Paulo, cinco Taças Brasil (o campeonato nacional da época), sete Campeonatos Paulista, duas Libertadores da América e dois Torneios Intercontinentais (Mundial de Clubes). É até hoje o terceiro principal goleador na história do Santos – atrás de Pelé e Pepe.

Garoto de Piracicaba

Coutinho é o apelido de Antônio Wilson Vieira Honório. Assim como Mazzola, também retratado neste livro, nasceu em Piracicaba, interior de São Paulo, em 11 de junho de 1943. O apelido que carrega até hoje foi dado ainda nos primeiros anos de vida pela avó. Como a maioria dos garotos brasileiros, corria atrás de uma bola nos campinhos da cidade, revezava-se entre a escola e as peladas (de vez em quando sacrificava a primeira pela segunda). Com pouco mais de 10 anos de idade, jogava na equipe do Palmeirinha, time amador piracicabano.

Quando tinha apenas 13 anos, a vida daquele menino veloz e habilidoso com a bola nos pés começou a mudar. Tinha acabado de se integrar ao principal clube da cidade, que disputava campeonatos profissionais, o XV de Novembro, quando o Santos fez uma partida na cidade. Naquele 1956, o time já era dirigido pelo técnico Lula e esboçava-se a formação do esquadrão que na década seguinte seria considerado o maior time de todos os tempos pela maioria dos especialistas em futebol.

O olho clínico do técnico do Santos não demorou a detectar a qualidade do jogo de Coutinho, que viu na preliminar. Mas só um ano depois, em 1957, motivado por um convite de Lula, o adolescente de Piracicaba chegou à Vila Belmiro para fazer parte do ataque mais espetacular na história. Já aposentado, Coutinho não esquece a importância do homem que o levou para Santos: "Tudo que conquistamos devemos ao Lula. Ele era aquele técnico 'paizão', bonachão".

Precoce no clube e na seleção

Naquele momento, o Santos começava a se tornar um clube grande no Estado de São Paulo e no Brasil. Havia conquistado o bicampeonato paulista em 1955 e 1956 (Pepe, Tite, Manga,

Formiga, Del Vecchio e Pagão estavam naquele time, nomes que também entraram para a história do clube). Em 1956, havia desembarcado em Santos outro adolescente: Pelé, então com 15 anos.

Coutinho estreou na equipe profissional do Santos num amistoso em Goiânia, contra o Sírio-Libanês (o Santos goleou por 7 a 1). O primeiro registro na imprensa para a presença de Coutinho aconteceu em janeiro de 1959, quando a *Manchete Esportiva* destacou o empate com a Portuguesa Santista, no Estádio Ulrico Mursa, em partida amistosa. O jogo foi ruim e o futebol do jovem atacante não mostrou nada de especial, de acordo com a reportagem.

Pouco depois, passou a ser titular e a ter os seus grandes momentos. O primeiro deles (e a primeira conquista) aconteceu no Torneio Rio-São Paulo. A final foi disputada no dia 17 de maio de 1959, no Pacaembu: o Santos derrotou o Vasco da Gama por 3 a 0 – dois gols de Coutinho e um de Pelé, este já campeão do mundo no ano anterior com a seleção brasileira e com pouco mais de 18 anos de idade na final do Rio-São Paulo. Coutinho ainda completaria seus 16 alguns dias depois da decisão.

Naquele mesmo ano, o Santos perdeu o título paulista para o Palmeiras. Numa época em que o estadual era disputado pelo sistema de pontos corridos, os dois clubes chegaram empatados ao final e foram necessários três jogos extras para que o título finalmente ficasse com o Palmeiras. Mas os números já indicavam o que viria nos anos seguintes com aquele ataque: o Santos marcou 155 gols em 41 partidas (média de 3,78 gols por jogo), 43 gols a mais que o campeão. Pelé marcou 45 gols, média superior a um gol por jogo.

Sequência de conquistas

Ainda em 1959, Coutinho teve pelo menos dois momentos que merecem registro: no dia 12 de novembro, na reta final do Campeonato Paulista, o Santos goleou a Ponte Preta na Vila Belmiro por 12 a 1 e Coutinho marcou cinco gols. Pelé não participou desta partida. Contra o Corinthians, outro grande placar: 4 a 1 (Coutinho fez três gols). Nunca é demais lembrar: ele tinha apenas 16 anos de idade. E teve também a sua primeira experiência com a camisa da seleção brasileira: disputou o torneio de futebol dos Jogos Pan-americanos realizados em Buenos Aires, na Argentina. Era uma equipe de jovens jogadores de clubes do Rio e de São Paulo – entre eles Gérson, que brilharia na seleção campeã do mundo de 1970.

Gilmar dos Santos Neves, goleiro que jogou durante muito tempo com Coutinho no Santos e na seleção brasileira, disse ao *Jornal da Tarde*, em 1977: "Em rapidez, tranquilidade e eficiência, Coutinho não tinha igual. E quem acompanhou o Santos certamente observou que ele jamais fazia um gol de 'chutão', apenas desviava a bola dos goleiros".

No Campeonato Paulista de 1960, o Santos conquistou o título graças ao seu ataque arrasador, marcando 100 gols em 34 partidas – Pelé marcou 33 vezes. Nos 15 torneios estaduais disputados entre 1955 e 1969, o clube só não levantou a taça em quatro edições: 1957 (São Paulo) e 1959, 1963 e 1966 (Palmeiras). De 1958 a 1971, sempre teve o melhor ataque. Pelé foi artilheiro máximo entre 1957 e 1965 e em 1969; em 1970 foi Toninho Guerreiro. Curiosamente, Coutinho sempre fez muitos gols nos estaduais, mas não conseguiu ser artilheiro em nenhuma edição, sempre superado por Pelé.

Conquistando o Brasil

Na temporada de 1959, começou a ser disputada a Taça Brasil, primeira competição brasileira com um caráter nacional (na época, não existia ainda o Campeonato Brasileiro, criado em 1971). Foram 16 os clubes participantes, cada um representando um estado. Como campeão paulista de 1958, o Santos representou o futebol paulista, entrando apenas nas semifinais, ao lado do Vasco da Gama, que foi o campeão carioca. O Santos enfrentou o Grêmio e conseguiu passar à decisão, goleando em São Paulo por 4 a 1 e empatando em 0 a 0 em Porto Alegre.

Na final, o adversário foi o Bahia, que eliminou o Vasco. O primeiro jogo foi disputado em São Paulo, em 10 de dezembro de 1959. O

Santos atuou com um ataque formado por Jair da Rosa Pinto, Mengálvio, Coutinho, Pelé e Pepe, além de Manga, Zito, Dalmo, Formiga... Pelo Bahia, um time que entrou para a história do clube com Marito, Bombeiro, Léo e Biriba. A equipe baiana surpreendeu em pleno Pacaembu e ganhou por 3 a 2. O segundo jogo só aconteceu em fevereiro de 1960, em Salvador: 3 a 1 para o Bahia.

No ano seguinte, mais uma vez campeão paulista, o Santos estava outra vez na Taça Brasil. O número de participantes cresceu para 18, mas a forma de disputa continuou regionalizada. Outra vez a equipe entrou apenas na disputa da semifinal, tendo pela frente o América (RJ): vitória com goleada no Rio de Janeiro (6 a 2) e derrota em casa por 1 a 0. Foi necessária uma terceira partida para desempatar, e o Santos goleou de novo (6 a 1).

Na final, mais uma vez, o Bahia, que na semifinal passou pelo Náutico. Desta vez, o time de Coutinho, Pelé e companhia não deixou escapar a chance de conquistar uma competição nacional. No primeiro jogo, em Salvador, empate de 1 a 1. Na partida em São Paulo, o Santos goleou por 5 a 1 e conquistou a Taça Brasil, garantindo vaga na Taça Libertadores da América de 1962.

Conquistando a América

A Taça Libertadores começou a ser disputada em 1960 com apenas sete equipes, somente os campeões de Brasil, Argentina, Paraguai, Chile, Bolívia, Colômbia e Uruguai. O Brasil tirava seus representantes para a competição da Taça Brasil: no primeiro ano, o foi representado pelo Bahia, eliminado logo no primeiro confronto contra o San Lorenzo, da Argentina. No ano seguinte, o representante foi o Palmeiras. Posteriormente, o Santos, vencedor da terceira edição da Taça Brasil, em 1961.

Em 1962, a Libertadores teve nove equipes na fase classificatória, representando nove países. Foram formados três grupos, com três equipes em cada um. O Santos ficou no grupo 1, ao lado de Deportivo Municipal (Bolívia) e Cerro Porteño (Paraguai). O clube brasileiro derrotou o

Deportivo Municipal duas vezes (4 a 3 e 6 a 1), empatou (1 a 1) e goleou (9 a 1) o Cerro Porteño. Nos outros grupos classificaram-se Nacional (Uruguai) e Universidad Católica (Chile). Para as semifinais, as três equipes juntaram-se ao Peñarol, campeão da Taça Libertadores do ano anterior que, por esta razão, não precisava passar pela fase de grupos.

O Santos eliminou o Universidad Católica: empate (1 a 1) e vitória do Santos (1 a 0). Pelé, contundido, não pôde jogar a primeira partida da final, disputada em Montevidéu, contra o Peñarol que havia eliminado o Nacional uruguaio. E o clube brasileiro saiu perdendo para o Peñarol, gol de Spencer logo aos 18 minutos. Se não tinha Pelé, o Santos atacava com Coutinho, autor dos dois gols da virada da equipe brasileira, que venceu fora de casa e poderia empatar para ficar com o título, na Vila Belmiro. Outra vez sem Pelé, o Santos foi surpreendido em casa, perdeu por 3 a 2 – gols de Dorval e Mengálvio.

Houve necessidade de um terceiro jogo, em campo neutro. O local escolhido foi Buenos Aires, e o Santos teve Pelé de volta. No primeiro tempo, os brasileiros abriram o placar com um gol contra de Caetano. Na etapa final, Pelé marcou duas vezes. Pela primeira vez na história, logo na terceira edição, um clube do Brasil conquistava a competição continental oficial – e se credenciava para a disputa do Torneio Intercontinental, conhecido atualmente no Brasil como Mundial de Clubes. Coutinho foi um dos artilheiros daquela Libertadores, com seis gols marcados – junto com Spencer (Peñarol, do Uruguai) e Raymondi (Emelec, do Equador).

Conquistando o mundo

A primeira edição do Intercontinental foi disputada em 1960, vencida pelo Real Madrid contra o Peñarol. No ano seguinte, o mesmo Peñarol ganhou a competição ao derrotar o Benfica (Portugal). O clube português estava de volta à final, representando a Europa, em 1962, tendo pela frente o Santos, pela América do Sul. Naqueles primeiros torneios, a disputa era feita em dois jogos, com cada clube atuando em seu estádio. Ou no estádio que escolhiam. O

Santos, acostumado a jogar na Vila Belmiro e no Pacaembu, preferiu levar a final do Intercontinental para o maior estádio do mundo à época, o Maracanã.

No dia 19 de setembro de 1962, Santos e Benfica realizaram a primeira partida da decisão, no Rio de Janeiro. Aos 31 minutos, Pelé abriu o placar para a equipe brasileira, num Maracanã lotado. No começo do segundo tempo, Santana empatou para o Benfica. Aos 19 minutos, Coutinho marcou o segundo e colocou o Santos em vantagem mais uma vez. Pelé, pouco depois, ampliou. Mais uma vez Santana fez para os portugueses e a partida terminou com a vitória brasileira por 3 a 2.

Três semanas depois, em 11 de outubro, os dois times voltaram a se enfrentar, desta vez em Lisboa, no Estádio da Luz. Estavam lá 73 mil torcedores e a equipe brasileira precisava apenas de um empate para conquistar o título. E para muitos dos integrantes daquele grupo, os portugueses tiveram a oportunidade de assistir a uma das maiores exibições de futebol da história.

O melhor do maior

Jogadores, jornalistas e torcedores classificam o jogo de Lisboa, em 1962, como o melhor que o Santos realizou naquele período em que foi considerado o maior time do planeta. Ainda no primeiro tempo, Pelé fez dois gols. No começo do segundo tempo, Coutinho ampliou para 3 a 0. Pelé, mais uma vez, e Pepe, elevaram a goleada para 5 a 0. Só nos minutos finais o Benfica conseguiu dois gols (Eusébio e Santana), mas a partida e o torneio já estavam decididos.

"Este jogo é especial. Tudo o que aconteceu antes, durante e depois foi emocionante", lembra Lima, que atuou no meio-campo. "Foi a primeira vez na história que o programa *A voz do Brasil* [transmitido pelo governo em cadeia nacional de rádio] não foi apresentado, para que as emissoras brasileiras pudessem transmitir o jogo ao vivo."

Somando Libertadores da América e Intercontinental, o Santos disputou 11 partidas para conquistar o mundo em 1962, e marcou 38 gols. Coutinho foi o artilheiro da equipe, com nove gols (média de 0,81 gol por jogo) – desta vez Pelé ficou em segundo lugar, com oito. "Vivemos um sonho", lembra Pepe. "Muitos torcedores brasileiros nos acompanharam até Portugal." O zagueiro Torres, que jogava na equipe portuguesa, declarou, alguns anos depois: "Quando vimos aquele time todo de branco, e aquele negro com a camisa 10, nos borramos todos".

Na seleção principal

Enquanto o Santos crescia, encantava e rompia fronteiras, Coutinho ganhava projeção e teve a sua primeira oportunidade na seleção brasileira principal. A partida de estreia aconteceu em 9 de julho de 1960, um mês depois de completar 17 anos. Foi escalado pelo técnico Aymoré Moreira no jogo em que o Brasil perdeu para o Uruguai, em Montevidéu (1 a 0), pela Taça Atlântico. O primeiro gol pelo Brasil aconteceu apenas em 1961, no dia 30 de abril, quando a seleção venceu o Paraguai pela Taça Osvaldo Cruz – 2 a 0, gols de Pepe e Coutinho. Pouco mais de um mês depois ele completaria 18 anos.

Vale destacar uma curiosidade a respeito do Paraguai na vida de Coutinho pela seleção brasileira. Ele fez apenas 15 jogos na seleção principal e marcou seis gols. Destes seis, quatro foram conseguidos contra os paraguaios (os outros foram contra Alemanha Ocidental e País de Gales).

Coutinho foi titular da seleção brasileira em quase todos os jogos de 1961 e tudo caminhava para que ele fosse o titular na Copa do Mundo de 1962, no Chile, levando para o time nacional a famosa dobradinha que fazia com Pelé, no Santos. No primeiro semestre de 1962, durante a preparação para o mundial, Coutinho também jogou a maior parte das partidas, inclusive os dois últimos amistosos antes da viagem para o Chile, contra o País de Gales, no Maracanã, e ambos com vitória brasileira por 3 a 1. No entanto, o jogador começou a sentir dores no joelho. Mesmo assim, foi incluído na delegação porque todos tinham confiança de que ele poderia se recuperar a tempo e participar de algumas partidas – Vavá, campeão do mundo em 1958, assumiu a condição de titular. No entanto, Coutinho não ganhou condições de jogo e foi campeão no Chile sem ter entrado em campo.

COUTINHO

A contusão no joelho acabou se arrastando por algum tempo, houve demora na realização de uma cirurgia. Esse problema e a dificuldade em manter o peso acabaram abreviando muito a carreira de genial atacante, como se verá a seguir.

Repetindo a dose

Mais uma vez, em 1962, o Santos (campeão paulista do ano anterior) foi o representante paulista na Taça Brasil. Novamente entrou na semifinal, agora tendo como adversário o Sport, de Recife. O primeiro jogo terminou empatado em Recife (1 a 1), e no jogo de volta o Santos goleou por 4 a 0, ganhando a vaga para a terceira final consecutiva da competição, desta vez contra o Botafogo, que havia eliminado o Internacional. Se o Santos tinha Pelé, Coutinho, Pepe e Mengálvio, o Botafogo mandava uma equipe de sonhos para o campo, com Zagallo, Quarentinha, Didi, Garrincha...

O confronto só foi realizado em março de 1963 e foram necessários três jogos para a definição do campeão: o Santos venceu o primeiro por 4 a 3, mas o Botafogo recuperou-se e venceu o segundo por 3 a 1. Foi necessário um jogo desempate: o Santos goleou por 5 a 0. Coutinho foi o artilheiro do torneio, com sete gols marcados.

Como campeão, o Santos já estava garantido na Libertadores daquele mesmo ano, o que abriu a possibilidade de o Botafogo também participar do torneio continental. E, campeão na temporada anterior, o Santos entrou diretamente nas semifinais. Botafogo, Peñarol e Boca Juniors (Argentina) classificaram-se na disputa dos grupos. Enquanto o Boca Juniors eliminava o Peñarol, o Santos derrotou o Botafogo – 1 a 1 no primeiro jogo e vitória santista por 3 a 1 no segundo.

Na final entre brasileiros e argentinos, quem desequilibrou foi Coutinho. No primeiro jogo, no Maracanã, em setembro de 1963, com 21 minutos do primeiro tempo, o centroavante já havia marcado dois gols, colocando o Santos em vantagem. Lima, ainda no primeiro tempo, marcou o terceiro. Sanfilippo, nome lendário da equipe argentina, marcou duas vezes e diminuiu a vantagem brasileira. Uma semana depois, na partida da volta, com o Santos jogando pelo empate, 55 mil torcedores lotaram La Bombonera, o estádio do Boca que lembra uma caixa de bombons (daí o nome).

Coutinho, mais uma vez

Jogo equilibrado, catimbado, com muita pressão sobre os brasileiros. No primeiro tempo, empate de 0 a 0. Logo no início do segundo tempo, mais uma vez Sanfilippo marcou para o Boca Juniors, enlouquecendo a torcida. Mas foram necessários apenas quatro minutos para que Coutinho conseguisse o gol de empate. O resultado bastava, mas perto do final da partida, Pelé fez o gol da vitória e sacramentou o bicampeonato da Libertadores da América.

Em outubro de 1963, o Santos enfrentou o Milan pelo Torneio Intercontinental. O primeiro confronto aconteceu em Milão, e o time italiano venceu por 4 a 2 – graças a dois brasileiros que foram campeões mundiais com a seleção brasileira. Altafini (que jogou pelo Brasil como Mazzola), campeão em 1958; e Amarildo, campeão em 1962. Amarildo marcou dois dos quatro gols, Trapattoni e Mora fizeram os outros dois. Pelé marcou duas vezes para o Santos. O segundo jogo, no Brasil, aconteceu mais uma vez no Maracanã, com 150 mil pessoas. O brasileiro Altafini, piracicabano como Coutinho, abriu o placar e com 17 minutos o clube italiano já vencia por 2 a 0.

Mas o Santos conseguiu uma virada inesquecível com Pepe (duas vezes), Almir e Lima, devolveu os 4 a 2 e provocou uma terceira partida. O desempate aconteceu mais uma vez no Maracanã, embaixo de muita chuva. O único gol foi marcado por Dalmo, cobrando pênalti. Santos bicampeão mundial.

Naquele mesmo ano de 1963, o Santos conquistou mais uma vez o Torneio Rio-São Paulo, com a ajuda de Coutinho. A equipe derrotou o Flamengo na final, no Maracanã, por 3 a 0 (o primeiro gol foi marcado por Coutinho; Pelé e Dorval completaram). O clube paulista também foi campeão do Rio-São Paulo em 1964, dividindo o título com o Botafogo. O time carioca venceu o primeiro jogo da final, no Maracanã,

Contra o Corinthians no Pacaembu lotado, em 1964: dobradinha irresistível com Pelé.

por 3 a 2 (dois gols de Coutinho), mas como os dois principais clubes brasileiros da época precisavam excursionar para a Europa e não havia datas para a outra partida da decisão, os organizadores resolveram declarar ambos campeões. Em 1964, Coutinho foi o artilheiro do Torneio Rio-São Paulo, marcando 11 dos 23 gols do Santos.

Penta na Taça Brasil

O Santos continuou dominando o futebol com a conquista de mais três edições da Taça Brasil: em 1963, mais uma vez derrotou o Bahia na final. Venceu a primeira partida em casa por 6 a 0 e ganhou também em Salvador (2 a 0). Em 1964, a equipe teve mais trabalho para vencer mais uma vez, porque teve de entrar nas quartas de final. Eliminou o Atlético Mineiro com duas goleadas (4 a 1 e 5 a 1). Nas semifinais, duas vitórias sobre o Palmeiras (3 a 2 e 4 a 0). E na final contra o Flamengo, empate de 0 a 0 e goleada de 4 a 1.

Mais uma vez classificado para a Libertadores de 1964, como campeão o Santos entrou nas semifinais. Naquele ano, no entanto, o time não teve o mesmo sucesso e perdeu as duas partidas para o Independiente (Argentina), 3 a 2 e 2 a 1 – os argentinos terminariam com o título. Com o sucesso obtido pelas conquistas internacionais, o time de Pelé e Coutinho era cada vez mais requisitado para amistosos no mundo todo. O cansaço pelas viagens e jogos e a falta de dedicação exclusiva à competição, levaram o time a não ter o mesmo rendimento.

Em 1965, depois de passar pela fase de classificação eliminando Universidad de Chile e Universitário (Peru), o Santos caiu mais uma vez nas semifinais, desta vez diante do Peñarol, do Uruguai. Foram necessários três jogos: o Santos venceu no Brasil por 5 a 4, mas o Peñarol empatou a série derrotando os brasileiros no Uruguai por 3 a 2. O jogo desempate aconteceu em Buenos Aires, com vitória do Peñarol por 2 a 1.

Queda de rendimento

Mesmo tendo conquistado muitos títulos com o Santos, Coutinho continuava lutando contra a balança e, mais importante, enfrentando dores no joelho, as mesmas que o haviam tirado dos jogos da Copa do Mundo de 1962. O atacante relutou muito em aceitar a ideia de uma cirurgia, até porque tinha receio de sair do time e perder a posição para outro jovem que surgia com muita força: Toninho Guerreiro.

Coutinho resolveu aceitar a operação para retirada dos meniscos somente em 1964. Mas o problema tinha se agravado com uma artrose que endureceu as articulações. Com apenas 21 anos, ele já não conseguia render da mesma forma como quando surgiu ainda adolescente na Vila Belmiro.

Em dezembro de 1964, outra partida memorável do Santos: no Pacaembu, o time aplicou 7 a 4 sobre o Corinthians. Foram quatro gols de Pelé e três de Coutinho – a maioria dos lances acontecendo depois das famosas tabelinhas entre os dois atacantes. No ano seguinte, o Santos manteve a sua rotina de conquistar a Taça Brasil, sempre com Coutinho como titular. Nas semifinais, eliminou o Palmeiras, goleada de 4 a 2 e empate de 1 a 1. O time foi para a final contra o Vasco da Gama: venceu os dois jogos. Goleada em São Paulo por 5 a 1 e vitória de 1 a 0 no Maracanã, gol de Pelé.

Despedida da seleção

Depois da frustração de não ter jogado pelo Brasil na Copa do Chile, Coutinho voltou a ser convocado em 1963 para alguns amistosos na Europa e no Egito. Ficou fora do grupo ao longo de 1964. E teve uma última convocação em novembro de 1965. O Brasil derrotou a Hungria por 5 a 3, no Pacaembu. Coutinho ficou no banco e entrou no segundo tempo, no lugar de Prado, jogador do São Paulo. Terminava ali a sua carreira na seleção brasileira.

Coutinho ainda participou com o Santos na campanha vitoriosa no Torneio Rio-São Paulo de 1966, que acabou terminando com quatro campeões: Botafogo, Vasco da Gama, Santos e Corinthians, todos empatados com 11 pontos. Ano de Copa do Mundo, a seleção precisava de tempo para treinar e os organizadores resolveram proclamar as quatro equipes campeãs. Naquela época, Toninho Guerreiro começava a ganhar espaço na equipe principal do Santos, tanto que foi artilheiro do Paulistão de 1966, vencido pelo Palmeiras. E Coutinho, embora tivesse apenas 23 anos, já não era unanimidade e perdia espaço entre os titulares.

O Santos voltou a conquistar o Campeonato Paulista, por duas vezes consecutivas, em 1967 e 1968, ainda com Coutinho no grupo, mas com rendimento abaixo daquele início marcante de carreira, quando ainda era só um adolescente.

Saída do Santos

Por isso, Coutinho acabou sendo negociado pelo Santos por empréstimo nas temporadas. Em 1968, ele jogou pelo Vitória, na Bahia. Em 1969, esteve na Portuguesa de Desportos. Voltou para o Santos em 1970, quando o clube já não tinha mais o grupo que encantara o mundo na década anterior, mas ainda era o time de Pelé e outros atletas da seleção brasileira que conquistaria o tricampeonato no México. Mesmo assim, com apenas 27 anos de idade, Coutinho já era praticamente um ex-jogador. Nos três anos seguintes, ainda tentou levar adiante a sua carreira. Primeiro no Atlas, do México, depois no Bangu (Rio de Janeiro) e no Saad (São Caetano).

Com 30 anos, Coutinho encerrou a carreira de jogador profissional. Ao lado do nome, desde que chegou à Vila Belmiro carrega para sempre a frase "o melhor companheiro de Pelé". E uma das melhores histórias a respeito da dupla foi contada pelo obscuro zagueiro Bolero, do Flamengo, quase sempre reserva, mas que teve o grande desafio de atuar como titular num jogo contra o Santos, no Torneio Rio-São Paulo, no dia 11 de março de 1961.

A partida foi no Maracanã: "Eu nem tinha tocado na bola e o Santos já estava ganhando por 2 a 0, com aquele ataque espetacular com Dorval, Mengálvio, Coutinho, Pelé e Pepe", contou numa entrevista ao site da Confederação Brasileira de Futebol (CBF), em 2005.

– Teve um gol que eu caí sentado com o drible do Pelé, quando virei, a bola já estava dentro do gol. O Pelé e o Coutinho entravam tabelando, driblando, numa velocidade impressionante. A defesa do Flamengo não conseguia parar o Santos. Num determinado momento eu já nem sabia mais quem era o Pelé e quem era o Coutinho.

Pelé fez quatro gols, Pepe dois e Dorval um. Curiosamente, o Flamengo acabou campeão daquele torneio e chegou a golear o Santos, no returno, por 5 a 1.

Aposentado precocemente como jogador, Coutinho ainda tentou trabalhar como técnico, primeiro nas categorias de base do próprio Santos, depois em clubes pequenos do Mato Grosso e Minas Gerais, sem conseguir o mesmo sucesso dos tempos de jogador. Nos últimos anos, atuou como integrante de um projeto da Prefeitura de São Paulo.

ENTREVISTA
PEPE

"Naquele grande time
do Santos, Coutinho foi figura
exponencial."

Poucos jogadores têm o privilégio de poder apresentar um currículo em que conste ter pertencido ao maior time de futebol já formado no planeta. O Santos dos anos 1960 tem essa fama. Era o time de Pelé, o maior jogador de todos os tempos. Mas foi também o time de Gilmar, Zito, Dorval, Mengálvio, Coutinho, Pepe...

Coutinho, o grande parceiro de Pelé, aparece como o terceiro principal artilheiro na história do clube, Pelé e Pepe estão à sua frente. Mais velho que os companheiros, Pepe foi testemunha num curto espaço de tempo do aparecimento dos dois, quase num filme repetido. O adolescente Pelé, negro franzino e que com 17 anos já encantava o mundo. E Coutinho, igualmente adolescente e negro, um pouco mais forte, igualmente precoce e craque.

"O Santos foi um clube privilegiado. Logo depois do Pelé, chega lá um outro garoto negro, ainda adolescente e jogando muita bola. E os dois se entenderam tão bem que entraram para a história", lembra Pepe. Bem humorado, brincalhão, contador de histórias, o ponta-esquerda de chute poderoso ainda se diverte com o fato de ser o único branco num ataque de negros geniais. "O Lula era louco para formar um ataque com cinco negros. Mas eu nunca permiti. Vieram Abel, Edu, Gaspar, Batista... No entanto sempre joguei eu."

Pepe compara Coutinho, quando fala do estilo de jogo, com Romário. Não muito alto, sempre bem colocado, inteligente, sem precisar chutar forte para fazer gols. "Uma pena que tenha tido um problema crônico no joelho, teve que encerrar a carreira de maneira muito precoce."

OS 11 MAIORES CENTROAVANTES DO FUTEBOL BRASILEIRO

O leitor vai acompanhar a seguir uma entrevista de Pepe. Ele relembra a estreia de Coutinho, com apenas 15 anos, no fabuloso time do Santos. E conta histórias da genialidade do atacante e das dificuldades para manter o peso.

Você já era um jogador experiente no Santos e na seleção brasileira quando o Coutinho chegou à Vila Belmiro. Lembra como foi?
Ele chegou muito jovem, garoto ainda. Tinha ótimas recomendações. E o Santos ainda vivia aquele deslumbramento com a chegada do Pelé, pouco tempo antes. O Coutinho começou a treinar com os profissionais com 15 anos. Era mais um garoto negro, lembrava muito o acontecido com o Pelé. E logo nos primeiros treinamentos ele demonstrou muita qualidade. Parecia que ia acontecer de novo. Em pouco tempo, o Lula, técnico do time, percebeu que ele poderia ser titular.

Então ele logo entrou na equipe?
Não demorou, não. Logo ele era titular. Não me lembro se ele chegou a jogar no juvenil, mas se jogou foram poucas partidas. Havia uma expectativa de aparecer um par para o Pelé ou um "novo Pelé". Demonstrou desde o começo muita frieza, porque para um garoto entrar naquele supertime do Santos tinha de ser muito calmo.

O Lula tinha a expectativa de ter um novo Pelé. E vocês, jogadores, acreditavam nisso?
Nós todos ainda estávamos muito encantados com todas as coisas incríveis que o Pelé fazia. E tínhamos certeza de que outro Pelé não ia aparecer. Estava claro que o Santos era um clube privilegiado, porque logo depois do Pelé apareceu um atacante tão bom quanto o Coutinho. O Lula realmente foi um sujeito de muita sorte. Deve ser coisa dos "deuses do futebol".

Recorda do primeiro jogo dele com os profissionais?
Ele foi lançado numa partida contra a Portuguesa Santista, no Estádio Ulrico Mursa. Imagine, um menino de 15 anos estreando

naquele timaço do Santos. E essa estreia teve uma curiosidade: os menores de idade só podiam jogar até as 21 horas, nas partidas noturnas. Por isso, o Santos teve de conseguir uma autorização de um juiz para que ele pudesse ficar além daquele horário.

E como era o jeito de ele atuar?
Era um "rato" de área, tinha muita habilidade. O jogador que mais se pareceu com ele foi o Romário, para as pessoas identificarem melhor. Não chutava forte, nunca fez um gol de chutão, sempre colocava a bola, desviava do goleiro. Não era muito alto, mas mesmo assim era ótimo cabeceador. Tanto que quando eu cruzava uma bola, ou o Dorval pela direita, os adversários não se preocupavam apenas com o Pelé. Porque o Coutinho sabia se colocar muito bem dentro da área. Na grande fase do Santos, ele foi figura exponencial.

E o entrosamento dele com o Pelé?
Foi imediato. Logo nos primeiros jogos já começou a tabelar com o Pelé. Muita gente acha que eles inventaram a tabelinha, mas na verdade o Pagão, antes dele, já fazia muito. O Pagão cansou de deixar todos nós na cara do gol. Aliás, Coutinho foi grande admirador do Pagão e pegou muitas coisas dele. Era um jogador muito inteligente, se colocava muito bem como ele. O Coutinho aperfeiçoou a tabelinha, principalmente com o Pelé. Ele era um jogador muito inteligente. Fazia tabela curta, longa, tabela de costas, de calcanhar. Não era um jogador rápido, de velocidade. Era um centroavante diferente dos demais. O Pagão, por exemplo, saía para os lados do campo, o Coutinho não, era aquele atleta sempre

Pepe, ainda cabeludo em 1962: Coutinho foi fundamental para o sucesso do Santos.

centralizado, não era de abrir espaço para os que vinham de trás. Estava sempre mais próximo do gol. Jogando ali era mais fácil de finalizar e fazer os gols.

Por que deu tão certo a dupla?
É difícil dizer. Primeiro porque o Coutinho entrou num time que tinha muita qualidade, claro que ele tinha facilidade de finalizar, fazer gols. Mas também perdeu muito gol, porque aquele time criava muitas chances. O Toninho Guerreiro, que veio depois, também foi assim. Quando ele entrou no time, os mais velhos procuravam orientar, dizendo que era assim mesmo, ia perder muitos gols, mas também marcaria muitos.

Você lembra de algum jogo em que a dupla jogou muito?
Eu me lembro de um jogo que fizemos na Suíça, ganhamos de 8 a 6. Só o Santos mesmo para ganhar com esse placar. Foram cinco gols do Coutinho e três do Pelé.

Ele também ficou marcado porque tinha dificuldade para manter o peso.
Ele realmente teve de superar essa dificuldade. Como dizia o Lula, ele tinha uma "promoção" (queria dizer propensão) para engordar. O Lula ficava sempre muito atento, principalmente com aqueles mais gordinhos. Nós tínhamos uma balança no vestiário, nos pesávamos todos os dias. O Coutinho subia na balança, só de sunga. O Lula dizia "Coutinho, como você está gordo, hein?". Ele batia na barriga do Lula e dizia, "o senhor também". O Lula dava risada. O peso, não tão em excesso, nem fazia mal para ele, parece que ficava mais forte, aguentava mais as pancadas. Mas quando começava a temporada, quando voltava das férias com o peso muito acima, aí ele tinha mesmo muitas dificuldades.

Na seleção brasileira ele não teve sorte.
É verdade. Aliás, a história dele é muito parecida com a minha. Eu fui para as Copas de 1958 e 1962 machucado e não pude jogar. Ele só foi em 1962. Teve uma contusão, demorou muito para curar. Era um problema no joelho, de tanta botinada que levou. Com isso,

Pelé e Coutinho foi uma dupla que acabou restrita ao Santos, mas eles mereciam ter feito o mesmo sucesso na seleção brasileira. Esse também é o meu grande trauma, porque nas duas Copas eu tinha condições de jogar, de ser titular, mas acabei me machucando e não consegui jogar nenhuma partida, embora estivesse lá.

E vocês e o Pelé são os maiores artilheiros do Santos.
Eu sou o maior artilheiro do Santos, marquei 405 gols em 750 partidas. O Pelé fez mais gols que eu, mas ele não conta, é um extra-terrestre. O Coutinho é o terceiro da lista, marcou 370 gols com a camisa do Santos.

Ele poderia ter ido ainda mais longe se não fossem as contusões?
Ele encerrou a carreira precocemente. Depois que saiu do Santos ele ainda jogou em algumas outras equipes, mas já não tinha a mesma força de antes, porque o joelho não permitia.

O brilho intenso do Pelé pode ter ofuscado um pouco a importância de Coutinho?
Na verdade, o Pelé está muito acima de qualquer outro. Não dá nem para comparar. O Coutinho foi extraordinário, o que melhor entendeu a forma de o Pelé jogar, mas ele próprio reconhece que o Pelé era algo que não tem nem como descrever.

Ele sempre foi uma pessoa fechada, tímida?
O Coutinho nunca gostou de dar entrevistas. Ele sempre fazia cara feia quando algum repórter chegava perto. Mas era uma pessoa muito alegre. Se você observar as raras entrevistas que ele concedeu, percebe que ele é desenvolto, mas não gostava mesmo de conversar com jornalistas. Com os outros jogadores, nas concentrações, era uma pessoa alegre. Até hoje ele leva uma vida muito tranquila. Mora muito perto da Vila Belmiro. Continua cortando o cabelo no salão do Didi, aquele que cortava o cabelo de todo mundo, até do Pelé. Ele corta o cabelo, mas eu só posso fazer a barba com o Didi, porque cabelo já faz muito tempo que eu não tenho.

CAPÍTULO 6

TOSTÃO

Mesmo sem ser centroavante, vestiu a camisa 9 daquela que é considerada a maior seleção já formada no futebol e conquistou títulos e artilharias. Abandonou a carreira com apenas 26 anos.

Ele não era propriamente um centroavante. Mas ocupou a função num dos momentos mais importantes da história do futebol mundial: titular com a camisa 9 da seleção brasileira na Copa do Mundo do México, em 1970. Aquela equipe é considerada pela maioria dos especialistas como a melhor já formada por um país. Armador no começo da carreira, ponta de lança quando alcançou o profissionalismo e o sucesso, Tostão foi um jogador tão genial que técnicos reviram conceitos para colocá-lo num time repleto de craques, do qual ele podia ser figurante.

Entrou para a história como baixinho, mas tem apenas um centímetro a menos do que Pelé. O apelido talvez tenha influenciado, mas com habilidade e inteligência se impunha inclusive contra os maiores – tanto que quando era infantil, no futebol de salão, já atuava entre os juvenis e na categoria principal, o mesmo acontecendo no Cruzeiro, com 16 anos, já recrutado para treinar entre os profissionais.

No entanto, se muito cedo começou a fazer sucesso, a carreira foi interrompida também prematuramente, por causa do descolamento de retina em 1969, ocorrido por levar uma bolada no olho esquerdo. A contusão quase o tirou da Copa de 1970 – e acabaria colocando ponto final na sua trajetória como jogador, em meados de 1973, quando já estava no Vasco da Gama. Tostão deu uma guinada na vida, foi ser médico, ficou mais de 20 anos longe de futebol até retornar na Copa do Mundo de 1994, nos Estados Unidos, como comentarista. Depois de fazer sucesso como analista na televisão, hoje escreve colunas para diversos jornais de todo o país.

Mesmo não sendo centroavante, foi artilheiro do Campeonato Mineiro em quatro edições (1965 a 1968), das Eliminatórias Sul-americanas para a Copa de 1970 e também do Torneio Roberto Gomes Pedrosa (o campeonato nacional da época, antes da criação do Brasileirão), em 1970. Até hoje é detentor da maior média de gols da história do Mineirão, onde marcou 143 gols. E permanece como o maior goleador da história do Cruzeiro, com 248 gols.

Futebol em família

Eduardo Gonçalves de Andrade nasceu em 25 de janeiro de 1947, em Belo Horizonte. O apelido Tostão só entrou na sua vida pouco depois dos 7 anos, nas peladas que disputava com seus amigos e irmãos no Conjunto Habitacional dos Industriários (IAPI), onde morava. Como era o mais novo da turma, menor que os companheiros, ganhou o apelido – tostão, à época, era a menor fração da moeda brasileira. Fazia parte de uma família com quatro irmãos homens, todos apaixonados pelo futebol, herança que receberam do pai, jogador do América mineiro na época do amadorismo.

No Industriários moravam quase mil famílias. E os garotos se dividiam em peladas disputadas em duas quadras de cimento e um campo gramado. Não demorou a surgir um time mais organizado, que passou a realizar partidas nas manhãs de domingo em toda a capital mineira. Tostão, aos 7 anos, acompanhava os mais velhos, em geral ficava só assistindo, sonhando com o dia em que teria idade e tamanho para ser um deles. Claro que sempre levava o par de chuteiras, preparado para a eventualidade de algum garoto não aparecer, faltar alguém, sobrar uma vaga.

Foi assim que o Industriários FC teve pela frente o infantil do Atlético Mineiro, campeão estadual daquele ano de 1954. Faltou alguém, Tostão foi chamado e colocado na ponta-esquerda para completar a equipe. A partida foi tão memorável para o garoto que já demonstrava muita habilidade com a perna esquerda, que ele nunca mais esqueceu: o Industriários derrotou o Atlético Mineiro por 2 a 1, Tostão marcou o segundo gol, numa linda jogada, encobrindo o goleiro adversário. No retorno para casa, foi levado nos ombros pelos companheiros de equipe.

No livro *Tostão – lembranças, opiniões, reflexões sobre futebol* que o craque escreveu muito depois de ter encerrado a sua carreira, ele relembra a noite que se seguiu àquela manhã de domingo: "À noite, chorei de alegria, abraçado ao meu travesseiro, cena que repeti no meu quarto, após a vitória na Copa de 1970". O Industriários FC foi uma equipe que fez fama em Belo Horizonte, reunindo muita gente para acompanhar as suas partidas. Tanto que passou a jogar no campo do América (um dos grandes do futebol mineiro na época), usando a camisa da equipe e representando o clube em competições oficiais.

Primeiro o salão

Mas foi no futebol de salão que Tostão teve o seu primeiro contato com o Cruzeiro, clube do qual se tornaria ídolo. Tinha 13 anos quando se integrou à equipe de futsal. No ano seguinte, com 14, disputou ainda nesta modalidade o Campeonato Mineiro em três categorias diferentes (infantil, juvenil e primeira divisão). Quando chegou aos 15 anos, transferiu-se para o futebol de campo, sempre pelo Cruzeiro. Jogou apenas algumas partidas, era pouco aproveitado, razão pela qual foi para o América – time de coração do pai. Acabou campeão mineiro juvenil.

Tostão revela que sempre buscou aperfeiçoar o seu jogo, até exercitando os pensamentos: "Eu treinava mentalmente as jogadas, repetindo com detalhes, na imaginação, as situações de jogo". Melhorando e transformando-se num dos principais nomes entre os juvenis mineiros, foi convocado para a seleção mineira que disputou o Campeonato Brasileiro de 1962. E ali viveu a primeira grande frustração da carreira. A competição foi disputada em Volta Redonda, Rio de Janeiro, e numa partida decisiva, Tostão perdeu um pênalti e a equipe foi eliminada. No ônibus, a caminho de Belo Horizonte, o adolescente chegou a pensar em abandonar tudo, dedicar-se a outra profissão. Para sorte do futebol, resolveu prosseguir. Mas não deixou de lado os estudos, continuava frequentando as aulas do curso Científico, o ensino médio da época. Aos 16 anos, voltou para o Cruzeiro e, apesar da pouca idade, já treinava entre os profissionais.

Futebol profissional

Quando completou 18 anos, Tostão decidiu interromper os estudos, porque tinha consciência de que era diferenciado o suficiente para seguir a carreira de jogador profissional de futebol – nesse momento assinou seu primeiro contrato com o clube mineiro. Era 1965, ano de inauguração do Mineirão e ponto de partida para a formação de um dos maiores times do Cruzeiro de todos os tempos. A equipe seria pentacampeã mineira entre 1965 e 1970 e conquistaria a Taça Brasil (o Campeonato Brasileiro da época) sobre o famoso Santos de Pelé, numas das decisões mais espetaculares da história do futebol nacional.

Segundo Tostão, aquela equipe foi formada por acaso. Ele já estava lá quando chegaram Dirceu Lopes – que seria o seu grande parceiro nos anos seguintes – Piazza, Natal, Evaldo, Raul, Pedro Paulo, Willian, Procópio, Neco, Hilton Oliveira e, um pouco depois, Zé Carlos. Evaldo, inclusive, seria apontado pelo próprio Tostão como inspirador do papel que ele próprio desempenharia na Copa de 1970, no México. Centroavante-armador, na definição que ele cunhou.

Aquela equipe que tanto sucesso fez no país teve uma grande chance de brilhar também no plano internacional, mas perdeu a possibilidade na Taça Libertadores da América de 1967. Na segunda fase da competição, o Cruzeiro ficou no mesmo grupo dos clubes uruguaios Peñarol e Nacional e perdeu o jogo decisivo disputado em Montevidéu contra o Nacional (2 a 0). Tostão considera aquela derrota uma grande injustiça, porque o Cruzeiro tinha um time superior, mas acabou esbarrando exatamente num goleiro brasileiro: Manga, que teve uma atuação excepcional. O Nacional classificou-se para a final e perdeu o título para o Racing Club, da Argentina.

"Novo rei do futebol"

O ano de 1966 foi marcante na carreira de Tostão: foi chamado pela primeira vez para a seleção brasileira e conquistou com o Cruzeiro a Taça Brasil, numa final épica contra o Santos, um dos melhores times do mundo na época, liderado por Pelé. No primeiro jogo, disputado em Belo Horizonte, o Cruzeiro conseguiu uma goleada de 6 a 2. A segunda partida foi jogada no Pacaembu, em São Paulo, embaixo de muita chuva, num gramado enlameado. O Santos conseguiu abrir 2 a o no primeiro tempo, com gols de Toninho Guerreiro e Pelé.

Logo no começo do segundo tempo, a chance do Cruzeiro veio com um pênalti. Tostão foi encarregado da cobrança, mas desperdiçou. No entanto, pouco depois, com um chute cruzado, no ângulo do goleiro Cláudio, conseguiu diminuir. O Cruzeiro chegou ao empate com Dirceu Lopes e conseguiu a virada no último minuto, em gol marcado por Natal – 3 a 2 e a conquista da taça diante de 30 mil pessoas no estádio paulistano. Na comemoração, alguém apareceu com uma coroa e colocou na cabeça de Tostão. A foto saiu na capa dos jornais do dia seguinte e um deles não titubeou em colocar em manchete: "Novo rei do futebol". Referência ao grande futebol de Tostão na vitória exatamente sobre o time de Pelé.

Se esse jogo está na memória da maioria das pessoas que gosta de futebol como um dos mais perfeitos da carreira de Tostão, ele próprio tem lembranças de partidas que não tiveram a mesma importância.

– Eu me lembro de belos gols, os mais bonitos, em partidas sem grande importância. Num jogo em Salvador, contra o Bahia, saí driblando todo mundo desde o meu campo até chegar ao gol adversário e encobri o goleiro. Foi o meu dia de Pelé – relembra. Ele considera que sua melhor atuação em um jogo foi na vitória de 5 a 4 do Cruzeiro sobre o Rapid Viena, da Áustria.

Primeira Copa do Mundo

Com apenas 19 anos, Tostão foi convocado para a seleção brasileira que se preparava para a disputa da Copa do Mundo de 1966, na Inglaterra. O Brasil havia vencido os dois últimos Mundiais e tinha como técnico Vicente Feola (campeão em 1958), que convocou 44 jogadores para a fase de preparação – quatro em cada posição. Entre eles estavam veteranos remanescentes das Copas da Suécia e do Chile, como Djalma Santos, Gilmar, Garrincha, além de algumas jovens revelações, como Tostão, Rivellino, Gérson. A marca daquela seleção foi a desorganização.

Por isso mesmo, a chance de dar certo era muito pequena. O Brasil foi desclassificado logo na primeira fase e Tostão jogou apenas uma partida, a derrota de 3 a 1 para a Hungria. Mas foi o autor do gol e recebeu muitos elogios. A partir daquele momento, esteve em todas as convocações da seleção brasileira.

Em 1968, o técnico era Aymoré Moreira e a seleção fez uma excursão pela Europa, sem poder levar o astro Pelé. Num amistoso contra a Alemanha, o meio-campo foi formado por Gérson, Tostão e Rivellino. No começo da partida, os três canhotos não se entenderam bem. No entanto, Gérson conversou com os dois companheiros e pediu que, em vez de toques de primeira, muito rápidos, quem recebesse a bola deveria dar um toque a mais e esperar o companheiro passar para receber mais à frente. Segundo Tostão, começava a ser ensaiada a parceria que faria muito sucesso durante a Copa do Mundo do México, em 1970.

Para as Eliminatórias da Copa, em 1969, a Confederação Brasileira de Desportos, a CBD, (que anos mais tarde passaria a ser Confederação Brasileira de Futebol) surpreendeu o mundo do futebol ao chamar o jornalista João Saldanha como o novo técnico da equipe. Tostão lembra bem da primeira conversa com o novo técnico: "Ele me perguntou o que me preocupava na seleção. E eu disse que era ser reserva do Pelé, acreditava que nós dois podíamos jogar juntos". A resposta de Saldanha foi direta: "Você é o titular absoluto a partir de hoje".

Descolamento de retina

João Saldanha organizou a seleção brasileira num esquema 4-2-4 (quatro defensores, dois jogadores no meio-campo e quatro atacantes). O time jogava com Jairzinho e Edu como pontas e com Pelé e Tostão jogando pelo meio. Resultado: o Brasil ganhou todas as seis partidas, marcou nada menos do que 23 gols e o artilheiro das Eliminatórias Sul-americanas foi Tostão, com 10 gols. "As feras", como o técnico apelidara seus jogadores, ganharam a classificação para o Mundial do ano seguinte, ao qual chegaria já sem João Saldanha e com Tostão só sendo confirmado no grupo poucas semanas antes do início da competição.

O último jogo das Eliminatórias, a vitória de 2 a 0 sobre o Paraguai, no Maracanã, foi disputado no dia 31 de agosto de 1969. Menos de um mês depois, em 24 de setembro, de volta ao Cruzeiro, Tostão esteve no Pacaembu para uma partida contra o Corinthians, numa noite com chuva e frio. O artilheiro da seleção brasileira nas Eliminatórias não jogava uma boa partida, segundo sua própria análise. Numa jogada no campo de ataque, ao correr em direção à bola, escorregou, deslizou na grama e foi parar bem próximo à bola. Ditão, vigoroso zagueiro do clube paulista, se aproximava e deu chute forte na bola, na tentativa de jogá-la para longe. Mas ela pegou em cheio no rosto de Tostão, na altura do olho esquerdo.

"Fiquei tonto, tentei continuar no jogo, mas logo saí. Fui para o hotel, dormi e acordei enxergando pontos e linhas escuras", conta Tostão. No dia seguinte, ele foi a uma consulta com o médico oftalmologista Geraldo Queiroga, em Belo Horizonte, e ouviu o diagnóstico: descolamento de retina. A partir daquele momento ele percebeu que a contusão tinha sido muito grave, que provavelmente teria que ser submetido a uma cirurgia. Mais do que isso: a carreira de atleta estava sob risco.

Atendendo a recomendações, Tostão foi para os Estados Unidos em busca de uma consulta com o médico mineiro Roberto Abdala Moura, um especialista que trabalhava no Hospital Metodista, em Houston. Foi operado em outubro de 1969 com recomendação de permanecer seis meses em repouso para só então saber se poderia voltar a jogar futebol.

A Copa se aproxima

Além da preocupação óbvia com a própria saúde e com a continuidade da sua carreira, Tostão ainda vislumbrava a possibilidade de, mesmo se voltasse a jogar, ficar fora da Copa do Mundo, que começaria pouco mais de sete meses após a intervenção cirúrgica. Em outras palavras, se fosse autorizado a dar prosseguimento à carreira, só poderia voltar a treinar pouco mais de um mês antes do Mundial. Na época, o técnico João Saldanha foi definitivo: esperaria por Tostão até o último minuto.

O problema é que o próprio Saldanha não chegaria até o minuto final, cairia em abril, depois de um empate da seleção num jogo treino contra o Bangu. Mário Jorge Lobo Zagallo foi o escolhido para o cargo e assumiu a pouco mais de dois meses do Mundial – a equipe se reuniria em maio para a fase final de treinos e a viagem para o México. O novo técnico chegou mudando a forma de o time jogar, deixando de lado os quatro atacantes das Eliminatórias, convocando centroavantes com mais presença na área do adversário (Dario e Roberto Miranda). Com isso, além de ainda não estar apto a jogar, Tostão voltaria para a reserva de Pelé, porque era assim que Zagallo o enxergava.

Pouco antes da seleção se reunir, Tostão voltou aos Estados Unidos para a avaliação final, seis meses depois da cirurgia. A caminho de Houston, resolveu fazer uma visita à Disneylândia. E realizou por conta própria um teste definitivo e arriscado: deu uma volta numa montanha russa. Seu olho operado apresentou uma hemorragia, ficou muito vermelho. Apesar disso, o médico Roberto Abdala de Moura considerou que a retina estava preservada, o local da cirurgia não havia sido afetado e ele estava aprovado para voltar a jogar futebol.

Volta ao time titular

O próprio Zagallo confessou em depoimento para o livro *As melhores seleções brasileiras de todos os tempos* que tinha muita dúvida sobre o aproveitamento de Tostão como atacante, porque ele era um jogador baixo, vinha de uma delicada intervenção e teria de enfrentar fortes zagueiros europeus. Havia muito receio sobre o que poderia acontecer após um choque durante uma partida.

– Fizemos um último amistoso contra a Áustria, ainda no Brasil. Joguei como titular e não fui muito bem. Depois seguimos para Manaus, onde fizemos um jogo treino contra uma seleção local. O Dario fez quatro gols, todos com passes meus – recorda o jogador, que sentiu que ali começou a ganhar a confiança do técnico, embora a confirmação só tenha acontecido poucos dias antes do início da Copa do Mundo.

E ainda durante os treinos na cidade mexicana de Guanajuato, mais um susto: o olho esquerdo de Tostão voltou a sofrer uma hemorragia. O médico que o operou foi convocado às pressas, viajou de

Houston para o México, examinou o jogador e disse que não havia nenhum problema. A questão era mais estética, porque o olho muito vermelho impressionava.

A Copa do Mundo começou e o Brasil goleou a Tchecoslováquia na estreia (4 a 1), mas não sem emoção, porque saiu perdendo e teve que buscar a virada – o time começou muito tenso, segundo Tostão. Ele mesmo lembra de estar nervoso e atuando de maneira "ingrata" porque era o único jogador fixo à frente, isolado entre os zagueiros. No segundo confronto, talvez a partida mais difícil daquele Mundial, a vitória sobre a então seleção campeã mundial, a Inglaterra (1 a 0).

Tostão não se cansa de repetir a descrição do lance do gol, do qual participou diretamente:

– Olhei para o banco e vi o Roberto Miranda se preparando para entrar, só podia ser no meu lugar. Na primeira bola que me passaram, tentei ir para o gol com ousadia, raiva e predestinação. Perdi a bola, recuperei e sai driblando, até que perdi o ângulo. Como eu sabia, mas não pensei na hora, que quando a bola está muito tempo de um lado, sempre existe alguém livre do outro, virei o jogo sem pensar, nem olhar. A bola caiu nos pés do Pelé, que dominou, e com inteligência deu para o Jair, que fez o gol. Logo depois Jairzinho foi substituído pelo Roberto.

Gols e o título

Classificado, o Brasil jogou com a Romênia e venceu por 3 a 2 – no terceiro gol, de Pelé, o passe foi de Tostão, de calcanhar. Nas quartas de final, o Brasil enfrentou o Peru, dirigido pelo brasileiro Didi. A seleção brasileira venceu por 4 a 2 e jogou uma partida brilhante, inclusive Tostão, que marcou dois gols. Na semifinal contra o Uruguai, mais uma vez o Brasil começou perdendo, mas conseguiu empatar no final do primeiro tempo. Na etapa final, a virada, com um gol de Jairzinho, recebendo um passe preciso de Tostão. Rivellino fez o terceiro. E Pelé quase fez o quarto, em outro lançamento impecável do craque mineiro – é aquela jogada antológica em que Pelé com o corpo,

Na final contra a Itália, em 1970: meia vira centroavante numa seleção de craques.

sem tocar a bola, dá um drible no goleiro e finaliza, mas a bola não entra. "Foram os melhores passes da minha carreira", diz Tostão.

Veio a final contra a Itália. Tostão lembra a importância de um jovem assistente de preparação física que também servia de olheiro dos adversários: Carlos Alberto Parreira. Foi sugestão dele a escalação de Tostão mais avançado, jogando em cima do líbero (zagueiro que fica na sobra), e Jairzinho correndo em diagonal da ponta direita para o meio, porque isso faria com que o marcador seguisse junto e abrisse espaço para as entradas do lateral Carlos Alberto Torres (foi exatamente assim que saiu o quarto gol brasileiro). Com Tostão mais à frente, os zagueiros não conseguiriam avançar, o que obrigaria um recuo também dos homens do meio-campo, para proteção. Com isso, Rivellino e Gérson, chegando de trás, teriam mais espaço, o que de fato aconteceu e eles finalizaram várias vezes de fora da área (Gérson marcou o segundo gol). O Brasil ganhou de 4 a 1 e ficou pela terceira vez, e em definitivo, com a Taça Jules Rimet.

Mágoa e saída do Cruzeiro

De volta ao Brasil, Tostão se reintegrou ao time do Cruzeiro. Mas a equipe que tinha sido brilhante nos cinco anos anteriores ao Mundial do México não se encontrou mais. Em 1971, perdeu o Campeonato Estadual para o rival Atlético Mineiro. A torcida e parte da imprensa começaram a pressionar e a dizer que os jogadores tinham ficado ricos, não se esforçavam mais em campo. Veio o ano de 1972 e o time continuava mal. A imprensa ampliava suas críticas, muitos chamavam os jogadores de mercenários. Foi aí que a diretoria tomou a decisão que provocou o rompimento com o seu maior craque: anunciou a contratação do técnico Yustrich (apelido de Dorival Knipel), considerado um disciplinador. E deixou claro que ele estava sendo contratado para que fizesse o time correr mais em campo.

A reação de Tostão foi imediata: "Senti-me ofendido. E disse que não jogaria mais pelo Cruzeiro", conta. Na época, o Fluminense chegou a procurá-lo, mas ele acabou fechando com o Vasco da Gama, depois de negociar muito. Ainda vigorava a Lei do Passe, que prendia o jogador aos clubes indefinidamente, mesmo com o contrato vencido. Quando o passe era vendido, o jogador tinha direito a 15% do valor. Como a transação estava complicada e Tostão queria sair, ele acabou abrindo mão da sua parte. Foi ganhando um pouco mais, é verdade, mas o alto custo de vida no Rio de Janeiro, em relação a Belo Horizonte, engoliu a diferença em relação ao que ganhava no Cruzeiro.

Tostão lembra que mais de uma vez foi acusado de estar saindo apenas por causa do dinheiro que ganharia com a transferência e com os salários mais altos. No entanto, ele não teve nenhum ganho com a mudança, que não queria, pelos vínculos afetivos que tinha com o clube mineiro.

Vasco e o fim da carreira

Além de abrir mão de parte do que ganharia com a transferência, Tostão ainda teve que se submeter a três especialistas, que o examinaram e entregaram ao Vasco da Gama laudos garantindo que ele estava apto para continuar jogando futebol – vale lembrar que desde a avaliação pouco mais de um mês antes da Copa do Mundo do México, dois anos antes, nunca mais ele tinha tido qualquer problema com o olho e vinha jogando normalmente pelo Cruzeiro.

Ele próprio reconhece que não conseguiu no Vasco o mesmo brilhantismo que tinha no Cruzeiro. Além do mais, o time naquele momento era muito fraco, sem falar da desorganização, pouca intensidade dos treinos e a falta de compromisso da maioria dos jogadores. Tostão jogou durante um ano no Vasco, entre 1972 e 1973. Estava com 26 anos de idade quando o problema na retina do olho esquerdo voltou. Ele foi mais uma vez para os Estados Unidos, ao Hospital Metodista de Houston. Foi constatada a necessidade de uma nova cirurgia e outro longo período de seis meses de inatividade. Naquele momento, o craque mineiro já pressentia que a possibilidade de encerramento da sua carreira era muito grande.

Passado o período de seis meses, ele voltou aos Estados Unidos para uma avaliação final. E os médicos comunicaram que ele não poderia continuar jogando, não só porque não teria mais a mesma capacidade de visão naquele olho, mas em razão do risco de uma nova contusão que poderia cegá-lo. O encerramento prematuro já era dolorido por si só, mas Tostão teve que enfrentar ainda um longo litígio com o Vasco da Gama, que não aceitava a situação e entrou com uma ação contra o Cruzeiro e contra o próprio jogador, considerando-se enganado, afirmando que o Cruzeiro tinha agido de má fé. O Vasco queria de volta o dinheiro investido na contratação.

Tostão retornou a Belo Horizonte inconformado com a posição do clube carioca e resolveu entrar com uma ação reivindicando o pagamento dos salários até o final do contrato. Ele venceu parcialmente: provou que não havia agido de má fé e recebeu os salários até o final do período de recuperação, mas não os demais, até o final do contrato (o que ele considerou um equívoco da decisão judicial).

De volta à escola

Sem o futebol, Tostão resolveu voltar aos estudos abandonados aos 18 anos, no final do ensino médio. Quase dez anos sem estudar exigiram dele muito esforço e um ano de cursinho preparatório para prestar vestibular e ingressar na faculdade de medicina da Universidade Federal de Minas Gerais, em 1975. Aluno aplicado, Tostão esteve sempre entre os melhores da sua turma, estudava nas horas de folga e formou-se em 1981. Fez mais dois anos de residência, chegou a atender em consultórios, mas acabou tornando-se professor na própria faculdade. Ficou longe do futebol de 1973 até 1994, quase sem ir a estádios, raramente vendo um jogo na televisão. Como a fama do ex-jogador não abandonava o estudante de medicina, ele se afastou cada vez mais da mídia, das entrevistas, do futebol.

Acabou criando em torno de si a lenda de que não queria mais ouvir falar de futebol, que tinha ficado deprimido com o final da carreira, que não queria mais ser chamado de Tostão, que tinha jogado até os troféus no lixo para apagar o passado de craque e ídolo. Nada disso era verdade, ele apenas quis se concentrar na nova profissão.

Em 1990, Tostão esteve na Itália e acompanhou os jogos da Copa do Mundo, apenas como turista. Naquela época, já começava a sentir o pouco caso com que a saúde era tratada, as condições cada vez piores de trabalho na universidade e nos hospitais. Foi se desiludindo e já pensava em abandonar a medicina quando, às vésperas da Copa do Mundo dos Estados Unidos, em 1994, recebeu vários convites para atuar como comentarista. Em princípio iria apenas escrever colunas para jornais, mas em cima da hora apareceu também um convite para trabalhar na equipe da TV Bandeirantes. Deveria apenas participar de programas de debates, mas acabou comentando diversas partidas também.

Reencontrou antigos companheiros (como Gérson e Rivellino), sentiu mais uma vez o clima de uma Copa do Mundo, foi vencendo aos poucos a timidez diante das câmeras e resolveu dar uma nova guinada na vida. Abandonou de vez a medicina e transformou-se num dos comentaristas esportivos mais respeitados do país. Prosseguiu durante alguns anos na TV Bandeirantes, depois se transferiu para o canal por assinatura ESPN-Brasil e hoje em dia escreve colunas para diversos jornais brasileiros.

TOSTÃO

ENTREVISTA
DIRCEU LOPES

"Tostão era um gênio.
Um dos mais inteligentes
que vi jogar."

Os torcedores mais jovens que acompanham o Cruzeiro como um dos clubes mais importantes do país, dono de títulos internacionais, talvez não imaginem que há pouco mais de 40 anos, a reputação não ultrapassava as fronteiras de Minas Gerais. América e Atlético Mineiro eram os clubes grandes. Foi uma equipe que começou a ser formada em meados dos anos 1960 a responsável por mudar essa história. Na liderança do grupo, Tostão e Dirceu Lopes, que com apenas 17 anos já eram titulares. Aos 19, levaram o clube ao título da Taça Brasil, derrotando em duas partidas memoráveis, o Santos de Pelé.

Eles têm praticamente a mesma idade – Tostão é quatro meses mais jovem. Chegaram quase ao mesmo tempo no Cruzeiro e atuaram na mesma posição. Tostão era titular quando Dirceu teve a primeira chance no time de cima. Mas como lugar de craque não é no banco de reservas, quando Dirceu ganhou sua primeira chance, o jeito foi mudar a posição de Tostão, que ficou mais perto do gol. Em pouco tempo, o Cruzeiro se transformou, conquistou títulos, ganhou dimensão nacional, passou a viajar pelo exterior.

Habilidosos, inteligentes, artilheiros, não demorou a ocuparem lugares na seleção brasileira, principalmente quando João Saldanha era o técnico. E provavelmente teriam ido juntos para a Copa do México se o técnico tivesse permanecido. Com Zagallo, Dirceu Lopes perdeu a vaga e viu pela televisão o Mundial de 1970, competição em que Tostão vestiu a camisa 9 e foi o centroavante – função que já desempenhava no Cruzeiro.

Nesta entrevista, Dirceu Lopes fala com admiração do companheiro de Cruzeiro e lembra de alguns momentos memoráveis da dupla. Os

141

dois foram os atores principais de um grupo que levou o clube mineiro a alguns dos seus principais momentos na história.

Quem chegou primeiro no Cruzeiro, você ou o Tostão?
Nós chegamos praticamente juntos, na mesma época. Eu vinha do interior, para jogar no juvenil. O Tostão chegou direto para o profissional, vindo do América. Nós não chegamos a jogar juntos no juvenil, porque quando ele veio do América, já entrou direto no time profissional.

E quando vocês tiveram o primeiro contato?
Eu joguei o campeonato juvenil em 1963. Num determinado dia, o time profissional foi fazer uma partida amistosa no interior, na cidade de Pará de Minas. Eu, Natal e Pedro Paulo fomos convocados para completar aquele grupo que viajou. No meio do jogo, o Tostão se machucou e eu entrei no lugar dele. Depois dessa partida eu não saí mais do profissional. O Tostão era meia-armador, mesma posição em que eu jogava. Quando ele se recuperou, para que eu não saísse, ele foi adiantado e passou a jogar como ponta de lança. Nós dois tínhamos 17 anos, ele é apenas quatro meses mais novo do que eu.

E a dupla funcionou imediatamente? Vocês perceberam que ia dar certo?
Para ser sincero, não. Não sei no caso dele. Para mim era um sonho estar no time titular, porque eu era garoto do interior, de família humilde. O que eu queria mesmo era dar uma vida melhor para a minha família, dar algum conforto. Eu não tinha muita noção de outras coisas. Aos poucos tudo foi se encaixando, naturalmente.

Dirceu Lopes e Tostão (com Piazza ao centro): parceria não vingou na seleção.

Em sua opinião, quais as características dos dois que contribuíram para a dupla fazer sucesso?
Eu acredito que um completava o outro. O que eu não tinha, ele tinha. E vice-versa. Por exemplo, eu era um jogador de muita velocidade, enquanto o Tostão era muito inteligente. O Tostão foi um dos jogadores mais inteligentes que eu vi jogar. Quando o assunto é centroavante, para mim, Reinaldo e Tostão foram os maiores.

O Tostão já era um jogador famoso, tratado como craque quando você subiu?
Na verdade, não. Ele estava chegando do América. E isso causou repercussão em Belo Horizonte, porque o Cruzeiro o tirou do América. Mas ele ainda não era tratado como craque. Até porque naquele período a mídia não era forte como é hoje.

Vocês começaram a jogar juntos em 1963. E fizeram sucesso já naquele ano?
O time começou a chamar a atenção no ano seguinte, em 1964. Naquela época, é bom lembrar, o Cruzeiro era o terceiro time de Minas Gerais, atrás de América e Atlético Mineiro. Quando o Cruzeiro conseguiu montar um time muito forte, ganhar jogos, conquistar os títulos, aí sim foi modificando aquela situação.

O entrosamento em campo também acontecia fora, vocês viraram amigos?
Nós sempre tivemos um relacionamento muito bom, mas nunca fomos amigos fora de campo. Até pela maneira de ser dos dois. O Tostão sempre foi uma pessoa mais fechada, preferia ficar no quarto nas concentrações, ele sempre gostou muito de ler, de estudar. E eu já era mais "popular", de ficar com os demais jogadores, participar das brincadeiras com o grupo.

Como é que o Cruzeiro se transformou num grande time no cenário nacional?
Começou com a formação do time de 1964. No ano seguinte, aconteceu a inauguração do Mineirão. O Tostão já estava no time principal quando eu subi do juvenil, junto a Pedro Paulo e Natal.

Aí chegaram o Piazza, que veio do Renascença, e o Raul. Em 1966, o Cruzeiro ganhou a Taça Brasil contra o Santos de Pelé. Acredito que aquela decisão da Taça Brasil foi o grande marco para o Cruzeiro virar uma equipe importante no Brasil inteiro.

Tostão era um atleta muito acima da média?
Para mim, o Tostão era um gênio. Ele era muito frio, inteligente. Estava sempre desmarcado. Não era um jogador que chutava forte, só colocava a bola. Ele não chutava bem com a perna direita, porque era canhoto. Mas era tão obstinado, dedicado, que passou a treinar muito até conseguir finalizar bem com a perna direita.

Como foram as partidas finais da Taça Brasil, em 1966?
Até chegarmos naquela final, o Cruzeiro era uma equipe que fazia sucesso em Minas Gerais. Naquela época, o futebol mineiro era exportador de jogadores para São Paulo e Rio de Janeiro, da mesma forma que hoje o Brasil é para a Europa. Mas com aquela vitória sobre o Santos, o clube começou a ser convidado e a fazer amistosos pelo Brasil todo. E ganhou fama internacional, todos os anos o clube viajava para fazer excursões para muitos países da Europa.

E você ficou surpreso quando o Tostão foi escalado como centroavante na seleção brasileira?
Nem um pouco, porque ele já jogava assim no clube. Quando ele foi para a seleção, o Cruzeiro também estava mudando o jeito de jogar. Naquele período, nós tínhamos o famoso tripé, Piazza, Tostão e Dirceu Lopes. Foi quando chegou o Zé Carlos e entrou no lugar do Piazza, que estava machucado. Quando o Piazza voltou, não dava mais para tirar o Zé Carlos do time. O que fazer? A solução foi empurrar o Tostão mais para a frente, no lugar do Evaldo, para que o Piazza e o Zé Carlos ficassem juntos no meio-campo. Eu também fui um pouco mais à frente, mais próximo do Tostão. Formamos um quadrado. Eu nunca tive dúvida que na seleção também daria certo. Muita gente achava que não ia funcionar, que ele o Pelé faziam a mesma função, tinham as mesmas características.

Só que ele teve que abandonar a carreira muito cedo, não é?
Pois é. Ele ficou com o olho superinchado, todo vermelho de sangue. Confesso que fiquei nervoso só de ver. Quando ele operou, a maioria das pessoas não acreditava que ele pudesse se recuperar e jogar a Copa do Mundo. Ele parou de jogar precocemente, poderia ter sido muito mais do que foi. O final de carreira dele foi muito triste. Quando ele foi para o Vasco nunca mais foi o mesmo jogador. A gente, quando jogava contra ele, percebia que ele não tinha a mesma felicidade.

Você acabou sendo cortado da seleção quando o Zagallo assumiu e perdeu a chance de disputar aquele Mundial. A dupla do Cruzeiro teria dado certo com a camisa da seleção?
Acredito que sim. Acho que isso até me causaria problemas. Porque o João Saldanha gostava muito de mim. Eu sempre participava das brincadeiras, mas era tímido, não era muito de conversar. Um dia ele me chamou no quarto dele e disse. "Você vai ser a minha arma secreta. Eu não sei do que você vai jogar, mas você é o jogador mais importante do meu grupo. Você é o meu principal jogador. Não se preocupe com a imprensa, com o que vão falar, jogue do jeito que você sabe, como lá no Cruzeiro". Aquilo foi uma bomba. Teve um amistoso aqui em Belo Horizonte, e a imprensa mineira correu toda para cima do Saldanha. Os repórteres perguntaram quem era o principal jogador da seleção, ele não teve dúvidas e disse, é o "Zé do Milho", como ele me chamava. Alguém perguntou: mais importante do que o Pelé? Ele disse: "Mais importante do que o Pelé". Imagina o que foi isso.

Vocês dois faziam muitos gols, ambos foram artilheiros do estadual?
Acredito que naquela época não havia uma preocupação muito
grande com o sistema de marcação. No mundo inteiro era assim.
Quando eu entrei no time, éramos eu e o Piazza no meio-campo,
mas eu não tomava a bola de ninguém. O Cruzeiro sempre jogava
da mesma maneira, aqui ou em qualquer parte do mundo. As
equipes não se preocupavam com o adversário, jogavam sempre para
a frente. Os times ainda jogavam com cinco no ataque. O Santos
também era assim, jogava para a frente, todo mundo fazia gols.

Quando Tostão parou de jogar, vocês continuaram se encontrando?
Não, eu fiquei 23 anos sem me encontrar com o Tostão, sem falar
com ele. O Tostão se afastou do futebol, depois voltou como
comentarista. Nós só fomos nos reencontrar quando ele estava
trabalhando como comentarista na ESPN-Brasil. Ele fazia um
programa de entrevistas e um dia veio até Pedro Leopoldo, minha
cidade. Veio gravar uma entrevista comigo. E foi interessante porque
ele me disse que tínhamos jogado muito tempo juntos e nunca
tínhamos conversado sobre os assuntos que falamos naquele dia.

*Vocês dois foram os responsáveis por fazer do Cruzeiro uma equipe
grande no Brasil e no exterior?*
Na verdade, nós e outros atletas. Mas eu e o Tostão chamávamos
mais a atenção. Naquela época as dobradinhas faziam muito sucesso.
Nós no Cruzeiro, Pelé e Coutinho no Santos…

CAPÍTULO 7

REINALDO

Com 16 anos já estava no time profissional do Atlético Mineiro e aos 18 foi chamado para a seleção. Mas as contusões mal-curadas tiraram do artilheiro a chance de conquistas mais espetaculares.

Quando aquele garoto de apenas 16 anos começou a encantar entre os jogadores profissionais do Atlético Mineiro, impossível não projetar uma grande carreira pela frente. E ela foi. Mas poderia ter sido muito mais, não fossem tantas contusões, cirurgias e polêmicas. Reinaldo era habilidoso, inteligente, rápido e chamado de Rei pela torcida do clube mineiro que defendeu durante quase toda a carreira. Não era só um diminutivo do nome, era um título para quem até hoje mantém a maior média de gols de um artilheiro do Campeonato Brasileiro.

Reinaldo ficou marcado pelas contusões – aos 21 anos já tinha feito quatro cirurgias, não tinha os meniscos dos dois joelhos. Mas ficou também para a história o jogador de personalidade e politizado, num momento da vida brasileira em que a ditadura ainda assustava e, no futebol, poucos ousavam opiniões bem elaboradas. Desde que surgiu, comemorou seus gols com o braço esquerdo erguido, punho cerrado.

Vítima da violência de zagueiros, Reinaldo sofreu também com dirigentes que o obrigavam a retornar aos treinos e jogos sem que as contusões tivessem sido tratadas e curadas. Com 26, 27 anos de idade, já era um atleta em declínio técnico. Poderia ter sido protagonista em pelo menos duas Copas do Mundo, foi a apenas uma e, mesmo assim, só conseguiu participar em duas partidas completas. Atuou 37 vezes pelo Brasil e marcou 14 gols. No Atlético Mineiro foram 255 gols em 475 jogos na equipe profissional – nos juvenis, em 44 jogos, fez 54 gols.

Goleador em Ponte Nova

Ponte Nova é uma cidade a 170 quilômetros de Belo Horizonte, capital de Minas Gerais. Foi ali que nasceu José Reinaldo de Lima, em 11 de janeiro de 1957. Reinaldo trazia o exemplo do pai ferroviário, sempre de oposição, e da mãe professora que influenciou seu gosto pela leitura. Foi o sexto entre oito irmãos. E desde muito cedo demonstrava habilidade com a bola nos pés e uma facilidade incrível para fazer gols. Principalmente no Colégio Helvécio, onde logo ganhou fama de artilheiro. Daí a integrar-se ao time da cidade, o Pontenovense, foi um pequeno passo. Continuou goleador.

Em outubro de 1970, o juvenil do Atlético Mineiro esteve em Ponte Nova. O técnico Barbatana logo ficou sabendo da fama de Reinaldo, viu o seu desempenho em campo e não teve dúvida: foi à casa da família do garoto com um convite para ele morar em Belo Horizonte e se integrar às categorias de base do clube da capital. Ainda faltavam quase três meses para ele completar 14 anos. A família relutou muito em permitir, mas diante da empolgação do filho, foi dada a permissão. Barbatana deu garantias de que ele mesmo se encarregaria de tomar conta do pequeno artilheiro.

"No começo, eu sentia muitas saudades de casa, da família. Mas alguma coisa me animava e eu procurava me ligar nas atividades do futebol", relembrou muito tempo depois. Barbatana colocou Reinaldo para jogar na equipe dente de leite do Atlético. Artilheiro, com 35 gols, ele foi convocado para a seleção mineira da categoria para disputar um torneio em Brasília. Precocemente como tudo na vida de Reinaldo, ali teve a sua primeira contusão importante: uma torção de tornozelo que o obrigou a engessar o pé. Mas com uma partida decisiva pela frente, teve que jogar mesmo sem estar recuperado – o que viraria rotina na carreira do artilheiro, prejudicando o futuro. Com o problema malcurado, em 1973 teve que operar o mesmo tornozelo.

Garoto prodígio

Continuou no dente de leite do Atlético Mineiro, e foi mais uma vez artilheiro da equipe em 1971, escolhido para integrar a seleção do campeonato, como ponta de lança. Logo depois, já estava no time infantil, fazendo gols e liderando sempre a artilharia. Naquela época, a fama de Reinaldo já crescia em Belo Horizonte, já era tratado como gênio, tanto que rádios da cidade às vezes transmitiam jogos do dente de leite e do juvenil, apenas por causa da sua presença.

Em 1972, já era titular do time juvenil. Mas fez apenas cinco jogos na categoria. Num coletivo, quando ainda tinha 15 anos, enfrentou a equipe principal do clube, que havia conquistado o Campeonato Brasileiro poucos meses antes. Foi tão bem que imediatamente foi convocado para fazer parte do grupo de profissionais – o preparador físico Paulo Benigno estava respondendo interinamente pelo time. Passou a atuar pelo "expressinho" do Atlético Mineiro e fez a sua estreia no time profissional no dia 28 de janeiro de 1973, 17 dias depois de completar 16 anos. Foi contra o Valério, do interior do estado, em partida amistosa. Por causa da precocidade, acabou apelidado pela imprensa mineira como Baby Craque. Fontes diferentes citam dois possíveis autores do apelido: os jornalistas Roberto Drumond e Ramon Garcia y Garcia.

Não foi um primeiro ano brilhante do Atlético, que terminou em quarto no Campeonato Mineiro e 11º no Campeonato Brasileiro. Eram tempos difíceis para o clube, pois o rival Cruzeiro tinha formado nos anos anteriores uma das maiores equipes da história do futebol brasileiro, liderada por Tostão e Dirceu Lopes. O Cruzeiro foi pentacampeão do estado entre 1965 e 1969, o Atlético quebrou a hegemonia em 1970, o América foi campeão invicto em 1971 e, na sequência, o Cruzeiro foi tetracampeão entre 1972 e 1975. Em 11 torneios disputados, o Cruzeiro ganhou nove.

O adolescente Reinaldo, além do rival de camisa azul, teve outra dificuldade: conheceu a dura realidade de enfrentar jogadores adultos, já formados e, portanto, mais fortes que ele. Além disso, habilidoso e, ao mesmo tempo ingênuo, não se protegia da violência dos zagueiros adversários. Alguns anos mais tarde, quando Reinaldo já estava na seleção brasileira e sofria muito com as contusões, o médico Lídio Toledo foi taxativo:

– Exposto pelo Atlético Mineiro desde menino contra adversários fisicamente mais fortes, Reinaldo sempre foi perseguido e atingido e, por causa disso, sofreu as primeiras lesões e teve sensível prejuízo no seu desenvolvimento muscular.

Cirurgias no joelho

No Campeonato Brasileiro de 1974, disputado no primeiro semestre do ano, o Atlético Mineiro terminou em sétimo lugar. No segundo semestre, foi vice do Campeonato Mineiro, atrás do Cruzeiro. E teve o artilheiro da competição, Dario, com 24 gols em 20 jogos. Reinaldo não pôde disputar o estadual, porque naquele período, com apenas 17 anos, começaram as contusões de joelho que o atormentaram durante toda a carreira.

Em agosto daquele ano, num jogo pelo Campeonato Brasileiro contra o CEUB, do Distrito Federal, Reinaldo sofreu uma entrada violenta de um zagueiro chamado Émerson. Foi obrigado a passar por uma cirurgia para a extração do menisco externo do joelho esquerdo. Após 28 dias estava de volta aos treinos, mas logo se percebeu que a intervenção não tinha sido bem feita, e o retorno, precipitado. Em outubro, ele voltou para a mesa de operações: desta vez foi extraído o menisco interno do mesmo joelho. Mais 30 dias e ele estava treinando com bola, outra vez sem que a recuperação tivesse sido a necessária. Para os que acompanharam de perto a carreira de Reinaldo, essas duas operações foram responsáveis por boa parte dos acontecimentos médicos que ele carregou pelo resto da carreira – o mesmo joelho voltaria a ser operado alguns anos mais tarde.

Em 1975, Reinaldo e o Atlético Mineiro viram o rival Cruzeiro aumentar a hegemonia estadual, ao conquistar o tetracampeonato. No Campeonato Brasileiro, a situação não foi muito diferente, porque enquanto o Cruzeiro chegou à final (perdeu para o Internacional), o Atlético terminou numa melancólica 20ª posição. O joelho continuava incomodando e Reinaldo ainda fraturou uma costela, numa partida contra o Danúbio, do Uruguai. Para compensar, os dois anos seguintes seriam de conquistas.

Primeiro título

A começar pelo Campeonato Mineiro de 1976, conquistado de maneira invicta pelo Atlético, acabando com a série de

Reinaldo num clássico contra o Cruzeiro, em 1978: precocidade e hegemonia em Minas Gerais.

triunfos do Cruzeiro – naquele ano mais preocupado com a conquista da Taça Libertadores. Na decisão, duas vitórias de 2 a 0 sobre o grande rival. No Campeonato Brasileiro, o Atlético também teve um ótimo desempenho e foi eliminado apenas na semifinal, disputada num único jogo: diante do Internacional, em Porto Alegre, o Atlético Mineiro foi derrotado pelo time liderado por Falcão (2 a 1) que seria campeão.

Mesmo assim, não foi um ano tranquilo para Reinaldo, que outra vez teve que comparecer à mesa de cirurgia: dessa vez para operar o joelho direito, do qual extraiu os dois meniscos. Dessa vez, no entanto, a cirurgia foi bem sucedida e ele nunca mais teve problemas naquele joelho.

Naquela época, os campeonatos estaduais ocupavam a maior parte do calendário de um ano. O Campeonato Mineiro começou em abril e terminou em setembro, disputado ponto a ponto por Atlético Mineiro e Cruzeiro. O Atlético venceu o primeiro turno e ficou com uma vaga para a final. O Cruzeiro levou o returno e também se classificou. Na decisão, o Atlético Mineiro venceu a primeira partida por 1 a 0. O Cruzeiro recuperou-se e venceu a segunda por 3 a 2, obrigando à realização de uma terceira para a definição. E nesta o Cruzeiro voltou a vencer (3 a 1) e ficou com o título.

Artilheiro recordista

O Atlético Mineiro de 1976 tinha uma equipe com jogadores que marcaram época no clube, como João Leite, Vantuir, Toninho Cerezo, Paulo Isidoro e Dario. O técnico era Barbatana, aquele mesmo que descobriu Reinaldo em Ponte Nova. Mas o grande destaque do Campeonato Brasileiro, que começou em outubro e só terminou em março do ano seguinte, foi Reinaldo, então com 20 anos. O time liderou seus grupos nas três etapas classificatórias e garantiu vaga nas semifinais.

O adversário foi o Londrina, equipe do Norte do Paraná. No primeiro jogo, empate de 2 a 2, em Londrina. Na partida de volta, em Belo Horizonte, goleada do Atlético Mineiro, 4 a 2, com três gols de

Reinaldo. Suspenso, o genial atacante mineiro acabou fora da decisão contra o São Paulo, que foi disputada num jogo só, no Mineirão – o Atlético jogou em casa porque tinha melhor campanha. O time mineiro ficou num empate de o a o e foi derrotado nos pênaltis.

Com 28 gols, Reinaldo foi o artilheiro daquela competição, tendo disputado apenas 18 partidas. Conseguiu a espetacular média de 1,55 gol por jogo, até hoje não superada.

Mais de 30 anos depois, apenas dois jogadores conseguiram superar aquela marca: Edmundo, jogando pelo Vasco em 1997, conseguiu 29 gols (a equipe disputou 33 partidas) e Washington, pelo Atlético Paranaense em 2004 chegou a 34 (46 partidas). Guilherme, com a mesma camisa 9 do Atlético Mineiro fez 28 gols em 1999 (28 partidas).

Outras marcas de Reinaldo naquele Brasileiro de 1977: em 9 de novembro, goleada sobre o Fast do Amazonas por 6 a 2, marcou cinco gols, recorde até então de um jogador em uma só partida; recebeu uma placa colocada no Mineirão por causa do golaço que fez na vitória arrasadora sobre o América do Rio Grande do Norte (6 a o) – oferta do comentarista de rádio e ex-goleiro do próprio Atlético, Kafunga. O menino prodígio de Ponte Nova estava consagrado como um dos maiores atacantes brasileiros. Tinha acabado de completar 21 anos de idade – e já carregava no currículo quatro cirurgias e fraturas de tornozelo e costela.

Seleção brasileira

A primeira convocação de Reinaldo para a seleção brasileira principal aconteceu em julho de 1975, quando tinha 18 anos e seis meses. O técnico era Oswaldo Brandão, que buscava renovar a equipe depois do fracasso na Copa do Mundo da Alemanha, no ano anterior. Para a Copa América, ficou decidido que jogadores dos clubes de Minais Gerais seriam chamados, com alguns poucos reforços que viriam de Rio e São Paulo. No dia 30 de julho, numa partida válida pela Copa América, em Caracas, Reinaldo jogou alguns minutos, entrou no segundo tempo no lugar de Marcelo quando o jogo já estava resolvido – o Brasil goleou por 4 a 0. Na derrota por 3 a 1 para o Peru, em pleno Mineirão, entrou no lugar de Roberto Dinamite no final da partida.

Depois dessas rápidas experiências, Reinaldo só voltou a ser chamado para a seleção em junho de 1977. O Brasil já estava classificado para a Copa da Argentina e o técnico era outro: Cláudio Coutinho. Reinaldo entrou no segundo tempo, mais uma vez no lugar de Roberto Dinamite, num amistoso contra a Seleção Carioca (Brasil 4 a 2), no Maracanã. No dia 19 de junho de 1977, no Morumbi, Reinaldo vestiu pela primeira vez a camisa da seleção brasileira como titular. E marcou seu primeiro gol na vitória de 3 a 1 sobre a Polônia. Reinaldo começava a ganhar espaço na equipe que se formava para o Mundial.

Jogou mais alguns amistosos como titular e chegou a atuar na última partida das Eliminatórias, 8 a 0 sobre a Bolívia, em Cali, na Colômbia. Entrou no lugar de Roberto Dinamite – neste jogo Zico marcou quatro gols.

Joelho estraga Copa

No começo de 1978, Reinaldo era o atacante com maior destaque no Brasil. Era apontado como a grande esperança para a Copa do Mundo da Argentina, segundo algumas declarações da época, de pessoas do mundo do futebol.

"Ele tem uma coisa de gênio. Ninguém consegue descobrir o que ele pretende fazer quando está com a bola nos pés. Quando menos se espera, ele dá um toque e deixa todo mundo na saudade", disse Edinho, então zagueiro do Fluminense e da seleção brasileira. "Não entendo o que está se passando, mas este garoto está se transformando num ídolo de todo país", afirmou Cláudio Coutinho, técnico da seleção.

Mas às vésperas da convocação final, o joelho esquerdo de Reinaldo voltou a incomodar. Tinha um derrame quase permanente, inchava sempre após treinos e jogos. No primeiro semestre, foi titular da seleção em amistosos contra seleções do Paraná, Goiás e Rio de Janeiro, além dos jogos diante de França e Alemanha Ocidental. Mas passou a ser dúvida para a Copa por causa do joelho esquerdo, aquele que havia operado duas vezes num espaço de 60 dias, em 1974.

A custa de um intenso trabalho de musculação, Reinado fez o teste definitivo num amistoso contra a Tchecoslováquia, no Maracanã. Entrou em campo vaiado pela torcida carioca, que preferia Roberto Dinamite no comando do ataque. Mas saiu aplaudido: o Brasil venceu por 2 a 0, ele fez um dos gols e teve uma grande atuação, além de não sentir dor. Estava confirmado para a disputa da Copa na Argentina.

A seleção estreou contra a Suécia (empate de 1 a 1) e o gol foi de Reinaldo. Depois, empate de 0 a 0 contra a Espanha e ele esteve em campo durante os 90 minutos. No entanto, o joelho preocupava, inchava, tinha derrames, praticamente encerrando o Mundial para o atacante mineiro – ele só voltou no segundo tempo do último jogo, a decisão do terceiro lugar contra a Itália, quando substituiu Gil.

Nova cirurgia

Sem conseguir brilhar na Copa como se imaginava, Reinaldo retornou ao Brasil de novo cercado de muita desconfiança. Para muitos, ele estava acabado para o futebol. Tinha só 21 anos e um histórico de contusões e cirurgias que não davam muita esperança de que ele pudesse voltar a jogar em alto rendimento. Durante algumas semanas, médicos do Atlético Mineiro e da Confederação Brasileira de Desportos (CBD) debateram o caso do atleta para decidir qual o melhor caminho a seguir para colocá-lo de novo em condições de jogo. A decisão: nova cirurgia no joelho esquerdo. Desta vez ela foi realizada nos Estados Unidos, em agosto de 1978.

Antes disso, além do longo trabalho de recuperação, com muita fisioterapia, recorreu também à religião e às cirurgias espirituais para tentar afastar de vez o tormento das contusões que o prejudicavam em tantos momentos importantes. Só voltou ao futebol um ano depois, num amistoso contra o Santos, no Mineirão. A partir dali, ajudou o Atlético Mineiro a iniciar a hegemonia estadual sobre o Cruzeiro, com a conquista de seis títulos consecutivos do Campeonato Mineiro, entre

1979 e 1984. No Campeonato Brasileiro de 1979, oitavo lugar. Apesar disso, a relação com a torcida já não era a mesma.

Uma nova ressurreição do craque aconteceria na temporada seguinte, em 1980. Além do campeonato estadual, que seria conquistado no segundo semestre, o desempenho no Campeonato Brasileiro foi excepcional – e até hoje os torcedores mineiros reclamam da arbitragem na decisão contra o Flamengo, que expulsou o centroavante, mais Chicão e Palhinha. Reinaldo foi decisivo nos momentos mais agudos da competição em que o clube mineiro conseguiu chegar até a final.

Primeiro, o confronto contra o Internacional, nas semifinais. No primeiro jogo, empate de 1 a 1 (gol de Reinaldo); no segundo, vitória do Atlético (2 a 1), com mais um gol dele. Classificado para a decisão, o Atlético teve pela frente o poderoso Flamengo, que tinha Raul, Zico, Júnior, Andrade, Carpegiani, Nunes, entre outros. Pelo Atlético, Reinaldo, João Leite, Luisinho, Palhinha, Toninho Cerezo, Éder.

Decisão épica

O primeiro jogo foi disputado no Mineirão e o Atlético venceu por 1 a 0, gol de Reinaldo. O Flamengo não teve Zico, que estava contundido. Numa dividida entre Éder e Rondinelli, o zagueiro do Flamengo teve uma fratura de mandíbula, tentou continuar na partida, mas desmaiou e teve de ser substituído.

Para o jogo de volta no Maracanã, em 1º de junho de 1980, o empate era o suficiente para Reinaldo e companhia conquistarem o Campeonato – o estádio recebeu 164 mil torcedores. Partida nervosa desde o começo, cheia de jogadas violentas e decisões da arbitragem sempre contestadas pelas duas partes. O Flamengo saiu na frente logo aos 7 minutos, com Nunes. Mas um minuto depois Reinaldo calou o Maracanã fazendo o gol de empate. Ainda no primeiro tempo, Zico colocou o Flamengo em vantagem.

No começo do segundo tempo, Reinaldo sofreu uma distensão muscular, mas o Atlético já havia utilizado as duas alterações permitidas na época. Ele teve que ficar em campo e, mesmo mancando, quase se arrastando, foi mais uma vez decisivo: aos 21 minutos, conseguiu marcar o gol de empate, resultado que daria o título para os mineiros. Alguns minutos depois, o árbitro José de Assis Aragão marcou um impedimento do ataque do Atlético. Os atleticanos não concordaram com a marcação, Reinaldo reclamou de maneira forte e foi expulso. Com um jogador a menos, o Atlético ainda resistiu por mais dez minutos, até que aos 37 minutos Nunes conseguiu o gol da vitória.

De volta à seleção

Poucos meses antes da decisão histórica do Brasileiro, Reinaldo havia retornado à seleção – foi a primeira convocação desde a Copa da Argentina. Num amistoso contra a Equipe Brasileira de Novos (time montado apenas com jogadores jovens), fez dois gols na vitória de 7 a 1, no Maracanã. O grupo iniciava um trabalho sob o comando do também mineiro Telê Santana, com vistas à Copa da Espanha. Reinaldo ainda participou de um amistoso no final do mesmo ano contra o Paraguai (6 a 0 Brasil), entrando no segundo tempo no lugar de Sócrates.

No começo de 1981 ocorreu a disputa do Mundialito, no Uruguai, e Reinaldo não esteve presente, mas atuou na maioria dos amistosos do ano e dos jogos das Eliminatórias que classificaram o Brasil para a Copa da Espanha. Em Minas Gerais, o Atlético continuava com a sua hegemonia, chegando ao tetracampeonato, mas no Campeonato Brasileiro a campanha não foi tão boa: classificado para as oitavas de final, o clube foi eliminado pelo Internacional de Porto Alegre (derrota por 1 a 0 e empate de 1 a 1) e terminou apenas na 14ª colocação.

Em 1982, mais um ano de Copa do Mundo e a chance para que Reinaldo conseguisse apagar a impressão ruim deixada na Argentina. No entanto, um amistoso contra a França, disputado em Paris, foi a última convocação de Reinaldo durante o período em que Telê dirigiu a seleção. O Brasil ganhou de 3 a 1 e Reinaldo fez um dos gols. Nos outros jogos de 1981 e no primeiro semestre de 1982, fase de preparação para a Copa do Mundo, o atacante mineiro esteve ausente, prejudicado mais uma vez pelas contusões. Na lista a final para o Mundial, seu nome não apareceu – nem mesmo quando Careca foi cortado. Telê preferiu Roberto Dinamite.

Apesar das incertezas geradas pelo estado físico, o atacante do Atlético Mineiro viu outra motivação para não ter ido à Espanha: "Telê deveria ter me levado à Copa de 1982. Mas eu tinha posições políticas e ele era reacionário", declarou, meses depois do Mundial.

Seleção: última chance

Contundido ou não, aquele ainda não foi o final da trajetória de Reinaldo com a camisa da seleção brasileira. Esquecido nas convocações de 1982 e 1983, retornou em 1984, na rápida passagem de Edu Antunes no comando da equipe nacional – jogou dois amistosos, contra Inglaterra e Uruguai. Em 1985, o técnico era Evaristo de Macedo, que também chamou Reinaldo, convocado regularmente no primeiro semestre para alguns jogos amistosos. O último deles foi contra a Argentina, em Salvador, com vitória brasileira por 2 a 1 e Reinaldo entrando no segundo tempo no lugar de Careca. Foi a última vez que Reinaldo vestiu a camisa da seleção, porque pouco tempo depois Telê Santana reassumiu o comando da comissão técnica e o atacante foi definitivamente esquecido.

No Atlético Mineiro, aos poucos o futebol de Reinaldo foi decaindo, apesar de ainda ter conseguido conquistar os títulos mineiros de 1982 e 1983 – completando seis campeonatos consecutivos. No Brasileiro, o time foi apenas o 19º classificado em 1982. Mas voltou a ter um grande desempenho em 1983, quando chegou às semifinais. Nas quartas de final, o time eliminou o São Paulo (vitória de 2 a 1 e derrota de 1 a 0). Nas semifinais, no entanto, a equipe perdeu a chance de mais uma decisão nacional ao ser eliminado pelo Santos (derrota de 2 a 1 e empate de 0 a 0).

Em 1984, o Atlético Mineiro ficou em 19º lugar no Campeonato Brasileiro e perdeu o título mineiro para o Cruzeiro, com direito a uma goleada de 4 a 0 na partida final. Era praticamente a despedida de Reinaldo. Ele ainda jogaria mais algum tempo, mas sem jamais retomar o brilho do começo da carreira.

Tentativa no Palmeiras

No segundo semestre de 1985, sem clima no Atlético Mineiro, Reinaldo foi emprestado para o Palmeiras. A passagem pelo clube paulista foi discretíssima, jogou pouco, sem destaque. Foi devolvido ao Atlético. Em janeiro de 1986, foi dispensado pelo clube mineiro e recebeu passe livre. Tinha apenas 28 anos de idade.

Semanas depois, fez um acordo para jogar pelo Rio Negro, do Amazonas. Mais uma passagem sem nenhum feito digno de registro. Ao regressar a Belo Horizonte, anunciou a sua aposentadoria do futebol. Mas de maneira surpreendente, dois dias depois era apresentado pelo Cruzeiro como novo reforço. O romance com o antigo rival também durou muito pouco: depois de uma goleada do clube mineiro sobre o Internacional de Limeira, foi dispensado no vestiário. Ficou desaparecido 11 dias e quando retornou chegou a dizer que iria se preparar para voltar, mas em novembro daquele ano acabou afastado definitivamente do elenco.

Reinaldo ainda tentou, em 1987, jogar em pequenos clubes do exterior, na Holanda e na Suécia. Mas o genial atacante que surpreendeu o Brasil com apenas 16 anos, era só uma caricatura de si mesmo. A carreira terminou oficialmente num jogo festivo realizado em junho de 1988, no Mineirão, reunindo ex-jogadores de Atlético Mineiro e Cruzeiro. Tinha completado 31 anos alguns meses antes.

Política e drogas

Encerrada a carreira, Reinaldo ainda tentou permanecer ligado ao futebol, trabalhando como técnico. Também chegou a ser comentarista de televisão, na TV Alterosa, em Belo Horizonte. No entanto, a vida sofreu um grande abalo oito anos depois da despedida oficial dos campos. Em 1996, a polícia descobriu uma ligação do ex-jogador com distribuidores de drogas na capital mineira. Preso, foi indiciado como traficante. Um ano depois foi condenado a quatro anos de prisão, mas conseguiu um *habeas corpus* enquanto seus advogados apresentavam um recurso. Em 1998, em segunda instância, foi absolvido da acusação de tráfico.

No período mais difícil, Reinaldo chegou a ser internado numa clínica psiquiátrica para tratar-se de depressão. Teve que percorrer um longo caminho até se reerguer. Finalmente pôde desenvolver atividades ligadas à política, primeiro como assessor da Secretaria Municipal de Esportes de Belo Horizonte e, depois, elegendo-se para cargos como vereador e deputado estadual.

ENTREVISTA
TONINHO CEREZO

"Ele não olhava a bola,
jogava com a cabeça
erguida."

Toninho Cerezo é quase dois anos mais velho
do que Reinaldo. No entanto, pela precocidade do atacante, acabaram sendo contemporâneos no time do Atlético Mineiro naquele começo dos anos 1970. Cerezo já tinha 18 anos e teve a companhia de
Reinaldo inclusive na disputa da Copa São Paulo de Futebol Júnior,
quando o atacante tinha apenas 15 anos, em 1972. A competição ficou na lembrança do ex-jogador da seleção brasileira porque sempre
foi considerada a mais importante para os jovens que estão prestes a
serem aproveitados na equipe profissional.

Cerezo foi primeiro para a equipe profissional, mas logo depois Reinaldo também fazia a sua estreia no time, ainda com 16 anos. Toninho Cerezo
jogou no Atlético Mineiro entre 1973 e 1983, quando transferiu-se para
o Roma, na Itália. Nesse período, participou da conquista de sete edições
do Campeonato Mineiro. Fazia parte da equipe que chegou ao vice-campeonato do Brasileiro de 1977. Sem perder nenhum jogo, o clube levou a
pior na decisão por pênaltis com o São Paulo, em pleno Mineirão.

E estava em campo numa das maiores atuações de Reinaldo na
história do Atlético, diante do Flamengo, liderado por Zico, no Campeonato Brasileiro de 1980. O Flamengo venceu por 3 a 2, mas mesmo machucado desde o primeiro tempo, Reinaldo deu muito trabalho
para a defesa carioca.

Reinaldo e Toninho Cerezo também foram companheiros na seleção brasileira e estiveram juntos na Copa do Mundo de 1978. Cerezo
foi titular e Reinaldo acabou deixando o time por causa de problemas
com o joelho.

Nesta entrevista, Toninho Cerezo destaca o começo da carreira dos dois no Atlético Mineiro, e conta como ficava impressionado com os dribles de Reinaldo, a quem, até hoje, chama de "irmão".

Você já estava no profissional do Atlético quando o Reinaldo subiu. Chegou a jogar com ele nas categorias de base?
Sim, jogamos no juvenil do Atlético. Chegamos a disputar no mesmo time a Copa São Paulo. Isso foi em 1972, chegamos até as quartas de final, mas acabamos eliminados pelo Guarani, que também tinha um trabalho muito forte nas categorias de base.

Antes de ele subir no profissional, já se falava no garoto prodígio da equipe de base?
É até engraçado falar. Quando eu já estava no profissional, o que se comentava era que havia um garoto do dente de leite que fazia quatro, cinco gols por partida.

Quais as características que mais o impressionaram quando o viu jogar?
Uma das coisas que mais me chamava a atenção era o drible que ele dava, em velocidade. Ele driblava buscando a perna de apoio do adversário, que não tinha o que fazer. Além disso, sempre foi um jogador que atuava com a cabeça erguida, ou seja, ele não ficava olhando para a bola.

Mesmo muito jovem, deu pra perceber que ele era um jogador acima da média?
Dava para perceber que ele era diferenciado porque tinha uma arrancada impressionante, além da maneira fácil de driblar e das finalizações precisas.

Você acredita que o fato de ele ter ido muito jovem para o profissional contribuiu para ele ter tido tantas lesões ao longo da carreira? Dizem que ele ainda não estava pronto fisicamente.
Talvez ele ainda não estivesse com a formação física completa. Em parte, isso é verdade. Mas era um garoto muito forte. Na verdade,

Reinaldo e Cerezo juntos na seleção: parceria desde o juvenil do Atlético Mineiro.

eu acredito que por ser jovem demais, ele era também muito inocente, se expunha demais diante de zagueiros maldosos, acabava se machucando. Além disso, é preciso lembrar que não tínhamos naquela época a medicina esportiva tão avançada como hoje. Ela deixava muito a desejar. Tanto que ainda muito novo ele já havia perdido os meniscos dos joelhos.

Em algumas reportagens feitas ao longo dos anos sobre o Reinaldo, muita gente afirma que os dirigentes do Atlético da época o forçavam a jogar mesmo sem estar recuperado de contusões. É verdade?
Acredito que, inexperiente e jovem como ele era, pode mesmo ter sido influenciado pelos dirigentes a jogar sem estar 100% fisicamente. Posso afirmar que presenciei várias vezes, em vésperas de jogos, ele sendo submetido a punções, na concentração, para tirar líquido dos joelhos.

Como era jogar com ele, um jogador tão inteligente?
Era muito bom. Sempre se podia esperar algo diferente da parte dele. Ele era especialmente rápido para girar, livrar-se da marcação e receber o lançamento à frente. Jogava bem ocupando o espaço nas costas do volante do time adversário. Aplicava dribles curtos e desconcertantes. Finalizava bem tanto com o pé esquerdo como com o direito. Chegava sempre rápido à área para concluir a gol com frieza impressionante. E mesmo sendo pequeno, conseguia fazer muitos gols de cabeça, porque era esperto, antecipava-se bem aos marcadores. E o zagueiro que tentasse adivinhar o que ele ia fazer, acabava quebrando a cara.

Como ele era no dia a dia do clube, nas concentrações? Era uma figura importante para o grupo mesmo fora do campo?
O Reinaldo era uma pessoa de falar pouco nas concentrações. Mas quando falava, era muito engraçado. Sempre foi uma pessoa muito divertida no grupo de jogadores. Sinto muita saudade daquela nossa época de Atlético. Aliás, aquele era um grupo em que quase todos falavam pouco. Na verdade, nós queríamos mesmo era jogar futebol.

O comportamento politizado que ele sempre demonstrou nas entrevistas, nas atitudes fora de campo, também aparecia nas conversas internas no clube?
Claro que só posso falar por mim mesmo. O que eu me lembro é que falávamos muito de futebol, quase nada sobre as questões políticas e sociais.

Acredita que falta um pouco mais de reconhecimento ao atacante que ele foi? O fato de ter parado muito cedo de jogar em alto nível pode ter prejudicado essa imagem?
Eu concordo que falta mais reconhecimento ao Reinaldo. Mas não só a ele. Muitos outros atletas acabam esquecidos. No entanto, num país que produz tantos jogadores importantes, tantos craques, acho até um pouco natural que isso acabe acontecendo.

Como acompanhou o drama que ele viveu quando se envolveu com drogas?
Acompanhei aquele período um pouco a distância, porque na época eu estava jogando na Itália, no Sampdoria. Ele, inclusive, chegou a ficar na minha casa em Gênova um período. Era uma fase em que ele queria ficar afastado do mundo do futebol, precisava de um pouco de sossego. Mas, claro, o tempo todo torci para que ele conseguisse se recuperar e sair daquela vida.

Ainda mantém contato com ele?
Sim, mantenho contato. Claro que morando e trabalhando no exterior é mais difícil encontrar com frequência. E sempre que estamos juntos eu o trato de "meu irmão".

CAPÍTULO 8

ROBERTO DINAMITE

Em 22 anos de carreira, conseguiu marcas impressionantes, entre elas, de maior artilheiro do Campeonato Brasileiro e do Campeonato Carioca. Esteve em duas Copas do Mundo e fez Zico vestir a camisa do Vasco.

Das peladas de Duque de Caxias aos gols em Copa do Mundo, a trajetória de Roberto Dinamite foi de rápida ascensão. Até 16 anos de idade, ainda jogava no amador Esporte Clube São Bento, na Baixada Fluminense. Aos 20 já era campeão brasileiro e aos 22 estava na seleção brasileira. Caminho incomum no futebol brasileiro em que os atletas começam cada vez mais cedo nas escolinhas. E numa carreira de 22 temporadas como profissional, Roberto Dinamite estabeleceu marcas que por si só já justificam a sua presença entre os principais centroavantes do esporte.

Ao longo da trajetória profissional, Roberto disputou 1.195 jogos – 1.110 só no Vasco da Gama, um recorde. Marcou 748 gols e foi indicado como o quinto maior goleador do mundo, computando apenas gols marcados em campeonatos de primeira divisão: 470 gols em 758 jogos – o levantamento é da International Federation of Football History & Statistics (IFFHS), organização reconhecida pela Fifa no tema estatísticas de futebol. Roberto é o maior artilheiro da história do Campeonato Brasileiro, com 190 gols. Maior artilheiro do Campeonato Carioca, com 279 gols. Ninguém fez mais gols que ele no Estádio São Januário: 184. A média de gols em sua carreira é de 36 por ano.

Foi campeão brasileiro em 1974, cinco vezes campeão estadual do Rio de Janeiro, esteve em duas Copas do Mundo com a seleção brasileira, foi duas vezes artilheiro do Brasileiro, três vezes do Carioca. Recebeu em três temporadas a Bola de Prata, prêmio oferecido pela revista *Placar*, como melhor centroavante do ano (1979, 1981 e 1984).

Roberto transformou-se num jogador tão importante, que recebeu elogio de outro atacante histórico do Vasco e da seleção brasileira, Ademir Menezes, também personagem deste livro: "Roberto é um dos jogadores mais fortes e valentes que já conheci. Valente como eu fui no passado", disse, quando Dinamite ainda jogava. Ademir faleceu em 1996, poucos anos depois do encerramento da carreira de Dinamite.

Calu do São Bento

Foi no dia 13 de abril de 1954 que nasceu Carlos Roberto de Oliveira, no distrito de São Bento, em Duque de Caxias, Estado do Rio. E o futebol entra nessa história antes mesmo do nascimento daquele que viria a ser o maior artilheiro da história do Vasco da Gama. Isso porque seus pais se conheceram através do esporte: o pai jogava, era goleiro; a mãe torcia – e para o time rival. Um dia, junto ao alambrado, ela pediu para ele deixar a bola passar, brincando. Ele respondeu que não podia. Primeiro encontro, conhecimento, namoro, casamento, filhos...

Só 17 anos depois, como se verá mais à frente, é que Roberto virou Dinamite. Porque na infância e na adolescência, era Calu, corruptela de Carlos. Era o caçula de três irmãos, todos apaixonados por futebol, como os pais. Jogavam bola no time do bairro, o São Bento, e Roberto garante que apesar de ele ter recebido o apelido de Dinamite no profissional do Vasco, seus irmãos chutavam muito mais forte que ele – ainda garoto, passou por duas cirurgias, uma delas numa fratura provocada por um chute do irmão e outra por causa de uma pancada.

Roberto só teve a chance de ir para uma equipe quando tinha 16 anos. Foi observado por Gradim (apelido de Francisco de Souza Ferreira), antigo jogador que trabalhava como "olheiro" do Vasco da Gama. Imediatamente recebeu o convite para fazer um teste. Artilheiro desde sempre, habilidoso, com boa estatura, foi logo aprovado e se integrou a equipe infantojuvenil.

Promoção rápida

Era 1970. No time infantojuvenil, foram apenas dois meses. Sua produção acima da média provocou a promoção para a categoria de idade superior, o juvenil. E logo no primeiro jogo entre os mais velhos, num amistoso contra a equipe de São José do Vale do Rio Preto, no interior do Rio de Janeiro, uma goleada de 4 a 0 – com quatro gols de Roberto. Em quatro anos nas categorias de base do clube, marcou 46 gols – sendo que a partir do segundo ano, também era aproveitado na equipe profissional. No Campeonato Carioca Juvenil de 1970, foi o artilheiro do Vasco e conquistou o título na competição, com dez gols. No ano seguinte, com 13 gols, foi o principal goleador do Estadual e terminou vice-campeão.

Na época, o time profissional do clube era dirigido por Mário Travaglini, sempre atento às categorias de base. Por isso mesmo, relacionou Roberto para a disputa do Campeonato Brasileiro de 1971 – o atacante já era considerado a esperança de revelação de um grande talento na equipe, embora tivesse apenas 17 anos de idade.

Em novembro daquele ano, num jogo em Salvador, o Vasco já estava classificado para a fase seguinte e não era mais dirigido por Travaglini, mas sim por Admildo Chirol (preparador físico da seleção, que havia sido campeã do mundo no México no ano anterior). O jogo contra o Bahia marcou a estreia de Roberto na equipe profissional, entrando no finalzinho (derrota de 1 a 0). O clube classificou-se para um grupo que tinha também Atlético-MG, Santos e Internacional. Apenas o primeiro colocado seguiria para as semifinais da competição.

No primeiro jogo da segunda fase, o Vasco foi a Belo Horizonte para enfrentar o Atlético Mineiro – que seria o campeão. No dia da partida em Minas, o *Jornal dos Sports* colocou a seguinte manchete: "Vasco escala o garoto-dinamite", uma criação dos jornalistas Eliomário Valente e Aparício Pires, que já conheciam as proezas de Roberto nas categorias de base. O Vasco perdeu por 2 a 1 e Roberto teve uma atuação apagada. Por isso, voltou para o banco contra o Internacional, jogo realizado no Maracanã.

Explosão no Maracanã

O Vasco buscaria a reabilitação jogando em casa. No segundo tempo, Roberto foi chamado para entrar no lugar de Gílson Nunes – a equipe vencia por 1 a 0, gol de Buglê. Na primeira jogada, Roberto driblou quatro adversários e marcou o gol – o primeiro pela equipe profissional. Era a primeira edição do Campeonato Brasileiro e nas duas décadas seguintes ele se transformaria no maior goleador da história da competição, marca imbatível até hoje. A manchete do *Jornal dos Sports* no dia seguinte marcou o nome e a carreira daquele adolescente de 17 anos: "Explode o garoto-dinamite". Foi a única vitória naquela etapa da competição e o único gol de Roberto.

Naquele Brasileiro o Vasco não conseguiu chegar às semifinais. O primeiro título de Dinamite na competição viria em 1974, quando o Vasco foi campeão na vitória sobre o Cruzeiro por 2 a 1 e Roberto o artilheiro do torneio, com 16 gols.

No Rio de Janeiro, a primeira conquista de Dinamite seria a Taça Guanabara (primeiro turno do Campeonato Carioca), em 1976. O título estadual só veio para o centroavante no ano seguinte. Em 1978, foi vice, mas artilheiro com 19 gols. Em toda a sua história no Vasco, foram seis títulos de Taça Guanabara, seis da Taça Rio (o segundo turno do Campeonato Carioca) e cinco estaduais.

Essa primeira passagem de Roberto pelo Vasco da Gama durou nove anos, desde o Campeonato Brasileiro de 1971, até janeiro de 1980. E um dos gols mais inesquecíveis da carreira aconteceu exatamente nesse período, em 1976. O Vasco perdia para o Botafogo (1 a 0) e praticamente ficava fora da disputa do título carioca. Até mesmo o empate, conquistado aos 38 minutos num gol de Roberto, não servia. Mas aos 45 minutos, num cruzamento de Zanata pelo lado direito, Roberto, na altura da marca do pênalti, dominou a bola com o peito e, sem deixá-la cair, aplicou um chapéu no zagueiro Osmar e, ainda com a bola no ar, bateu de voleio para fazer o gol da vitória. O próprio Roberto considera aquele um dos seus gols mais bonitos.

Seleção com Brandão

O ano de 1976 foi importante também porque marcou a sua primeira convocação para a seleção brasileira, então dirigida por Oswaldo Brandão. A competição de estreia foi o Torneio do Bicentenário de Independência dos Estados Unidos, do qual também participaram Estados Unidos, Inglaterra e Itália. O Brasil derrotou a Inglaterra no primeiro jogo por 1 a 0 (gol de Roberto); na sequência

ROBERTO
DINAMITE

um combinado norte americano que disputou o torneio (2 a 0); e levou o título com uma goleada (4 a 1) sobre a Itália (mais um gol de Roberto). E não foi só: antes da volta para o Brasil, a seleção fez um amistoso em San Francisco contra a Universidade do México (4 a 3 para o Brasil, dois gols de Dinamite). No caminho para casa, parada no México para derrotar a seleção local por 3 a 0 (mais dois gols de Roberto).

Num jogo contra o Paraguai, no Maracanã, foram colocadas em jogo as Taças Atlântico e Osvaldo Cruz: vitória brasileira por 3 a 1, com dois gols de Dinamite. Aos poucos, o atacante do Vasco ia se firmando no ataque da seleção brasileira de Brandão que se preparava para a disputa das Eliminatórias da Copa do Mundo de 1978.

No começo de 1977, a seleção se reuniu e começaram as pressões sobre Brandão, que não convocou jogadores importantes do futebol carioca, como Carlos Alberto Torres, Carlos Alberto Pintinho e Paulo César Lima. Os paulistas reclamavam porque o futebol da seleção, num amistoso contra a Bulgária (1 a 0, gol de Roberto), não empolgou. A equipe nacional fez uma partida contra a seleção paulista no Morumbi, venceu por 2 a 0, e os cariocas, especialmente Marinho Chagas, foram vaiados. Na sequência, jogo no Maracanã contra um combinado Fla-Flu (dirigido por Cláudio Coutinho): empate de 1 a 1, e uma das maiores vaias que a seleção brasileira recebeu na sua história.

Antes do primeiro jogo das Eliminatórias, a seleção fez um amistoso em Bogotá, na Colômbia, contra o Millonarios, clube local. Venceu por 2 a 0, gols de Dinamite e Zico. Na sequência, a estreia contra a seleção da casa, um 0 a 0 em que a equipe nacional jogou muito mal. Na volta ao país, Oswaldo Brandão não resistiu e pediu demissão do comando do Brasil. No seu lugar, assumiu justamente Cláudio Coutinho, que semanas antes havia dirigido o combinado Fla-Flu contra a seleção brasileira. No jogo de volta contra a Colômbia, goleada brasileira por 6 a 0 (dois de Dinamite). Nas duas partidas contra o Paraguai, uma vitória em Assunção (1 a 0) e um empate de 1 a 1 no Maracanã (gol de Roberto). O Brasil sacramentou a sua ida ao Mundial de 1978 com vitórias de 1 a 0 sobre o Peru e 8 a 0 (um de Dinamite) sobre a Bolívia, os dois jogos disputados em Cali, na Colômbia. O atacante do Vasco permaneceu como titular da seleção durante todo o ano de 1977.

Frustração na Copa

Nos primeiros jogos de 1978, na preparação para a Copa do Mundo, Roberto não foi chamado por Cláudio Coutinho, que tinha Reinaldo (Atlético-MG) e Nunes (Flamengo) como os dois centroavantes da seleção. Mas Nunes, contundido, teve de ser cortado e Roberto Dinamite voltou à equipe, participando dos dois últimos amistosos antes da viagem para a Argentina – vitória sobre a Iugoslávia (2 a 0) e empate com uma seleção gaúcha (2 a 2). Nas duas partidas Roberto Dinamite substituiu Reinaldo no segundo tempo.

Nos dois primeiros jogos da Copa, Roberto Dinamite nem sequer ficou no banco. O Brasil empatou com Suécia (1 a 1) e Espanha (0 a 0). Reinaldo contundiu-se na segunda partida e Roberto foi escalado para o decisivo confronto contra a Áustria, com a seleção brasileira ameaçada de eliminação. O jogo foi difícil, a equipe de Cláudio Coutinho não atuou bem e o Brasil venceu por 1 a 0. Gol marcado aos 40 minutos do primeiro tempo por Roberto Dinamite, feito que ele considera o mais importante da sua história com a camisa brasileira.

O Brasil acabou o Mundial em terceiro lugar, invicto e considerado "campeão moral" pelo técnico Cláudio Coutinho. No jogo de despedida contra a Polônia, Dinamite marcou mais dois gols (vitória de 3 a 1). Titular até o fim da Copa, o centroavante foi o artilheiro brasileiro na competição, com três gols em cinco jogos.

No ano seguinte, Roberto participou de um amistoso contra o Paraguai no Maracanã (6 a 0, fez um gol) e de apenas um jogo da Copa América, derrota para a Bolívia (2 a 1) em La Paz, gol dele para o Brasil.

Meteoro em Barcelona

Em janeiro de 1980, no meio da temporada europeia, Roberto Dinamite foi vendido pelo Vasco da Gama para o Barcelona. A passagem foi muito rápida, apenas quatro meses. Saiu em janeiro, voltou em maio. Fez apenas oito partidas pelo clube espanhol e marcou três gols.

Dinamite faz gol contra a Polônia na Copa de 1978: poucas chances com a camisa amarela.

Ele estava de volta ao clube carioca, graças ao rival Flamengo:
– Acontece que o Flamengo, através do presidente Márcio Braga, queria me trazer de volta para o Brasil. O pessoal do Vasco ficou sabendo e entrou na jogada. Eu queria voltar para o Vasco, mas se o Flamengo não tivesse feito a proposta, provavelmente o Vasco não teria entrado na negociação – relembra Dinamite.

A volta ao Maracanã pelo Vasco foi um dos jogos históricos de Roberto Dinamite. Em partida válida pelo Campeonato Brasileiro, o clube carioca enfrentou o Corinthians no Maracanã – estavam lá mais de 107 mil pessoas. Na preliminar, o Flamengo tinha jogado contra o Bangu. Bons tempos em que os dois maiores rivais do futebol carioca podiam dividir o Maracanã para partidas contra adversários diferentes, sem que nada de excepcional acontecesse entre as torcidas. O Vasco goleou o Corinthians por 5 a 2 – e Roberto Dinamite fez todos os gols.

Esta segunda passagem pelo time de São Januário teve mais nove anos de duração. Roberto Dinamite ajudou o Vasco a conquistar mais três estaduais (1982, 1987 e 1988). E foi artilheiro estadual em mais uma temporada, em 1981, com 31 gols. No ano seguinte, foram mais 15 gols no Campeonato Carioca, ficou em segundo, atrás de Zico, que marcou 21. Com 62 gols, o ano de 1981 foi aquele em que Dinamite fez mais gols (somando todos os jogos do ano), superando, inclusive, um recorde que até então pertencia a Zico (45 gols). Em 1982, uma data histórica na carreira do artilheiro: no dia 10 de novembro, num jogo contra o Volta Redonda, Roberto Dinamite marcou o gol de número 500. Dois anos depois, em 1984, Roberto foi o artilheiro do Campeonato Brasileiro, com 16 gols.

Na Copa de 1982

Na passagem de 1979 para 1980, a seleção brasileira teve mais uma troca de comando na sua comissão técnica: Cláudio Coutinho deu lugar a Telê Santana. Com a transição, Roberto também perdeu espaço na seleção nacional e não jogou em 1980. Só teve uma oportunidade no último amistoso de 1981, em outubro, quando o Brasil derrotou a Bulgária por 3 a 0, em Porto Alegre. Dinamite fez um dos gols. Não participou dos jogos eliminatórios para a Copa de 1982, que aconteceria na Espanha. Os preferidos de Telê na época eram Reinaldo, Careca e Serginho. Baltazar também chegou a ser convocado.

Voltou a ser chamado por Telê para os primeiros jogos no começo de 1982: atuou como titular contra Alemanha Oriental e Tchecoslováquia. Mas na lista final para o Mundial, o nome de Roberto Dinamite não apareceu – Serginho e Careca seriam os centroavantes. Às vésperas da Copa, no entanto, Careca contundiu-se e foi cortado. Roberto Dinamite foi chamado para ocupar o seu lugar. Mas não teve oportunidade de atuar em nenhuma das cinco partidas realizadas pela seleção na Espanha.

Em 1983, Carlos Alberto Parreira assumiu o time nacional e Roberto Dinamite participou de algumas convocações. No final do ano, participou da disputa da Copa América – o Brasil foi vice-campeão e Dinamite um dos artilheiros da competição, com três gols. Em 1984, Roberto disputou suas duas últimas partidas pela seleção brasileira (derrota de 2 a 0 para a Inglaterra, no Maracanã, e empate de 0 a 0 com a Argentina, no Morumbi). Foram 47 partidas com a camisa da seleção, 26 gols marcados (média de 0,55 gol por jogo).

Em 1985, o Vasco lançou outro grande artilheiro na sua equipe principal, Romário, também personagem deste livro. Dinamite já consagrado e Romário aparecendo como grande revelação. Jogaram juntos até 1988. Com eles, o Vasco foi bicampeão carioca (1987 e 1988). "Ele constrói metade dos gols que faço", disse Romário reconhecendo a importância da parceria com Dinamite.

Portuguesa e Campo Grande

No segundo semestre de 1989, Roberto já estava com 35 anos, para muitos com a carreira em declínio, quando recebeu um convite para disputar o Campeonato Brasileiro pela Portuguesa, então dirigida por Antônio Lopes, um velho conhecido pelos trabalhos realizados no Vasco da Gama. A parceria deu muito certo: Roberto disputou 16 jogos pela equipe paulista e marcou 11 gols –

média de 0,68 gol por jogo, notória para a idade e numa equipe apenas mediana naquela disputa. Foram os últimos gols de Dinamite na história do Brasileiro. A Portuguesa terminou em sétimo lugar na competição. Aconteceu com a camisa da equipe paulista o gol de número 600 de Roberto Dinamite.

Mas se fez sucesso e marcou, apesar do curto período, uma história de amor com outra equipe da colônia portuguesa, Roberto Dinamite perdeu a chance de conquistar um segundo campeonato nacional, porque o Vasco da Gama foi o campeão, derrotando o São Paulo na decisão, no Morumbi (1 a 0, gol de Sorato). Para 1990, a Portuguesa pretendia contar com ele mais uma vez, mas o atacante voltou para o Rio de Janeiro.

Em 1990, a terceira etapa de Roberto Dinamite no Vasco da Gama. Mas o time foi muito mal naquele ano. Com apenas uma vitória em dez jogos, foi eliminado logo na primeira fase do Campeonato Brasileiro, marcando apenas cinco gols, nenhum de Dinamite. No Campeonato Carioca, o Vasco conquistou a Taça Guanabara e foi para a final contra o Botafogo. Roberto Dinamite, com 36 anos, era reserva do time que tinha Bebeto, Sorato e Bismark como seus principais goleadores. Dinamite entrou no segundo tempo da decisão, mas o Vasco foi derrotado pelo Botafogo (1 a 0, gol de Carlos Alberto Dias).

No ano seguinte, mais uma saída, desta vez para jogar no Campo Grande e disputar o Campeonato Carioca junto com outros veteranos como Cláudio Adão e Elói. Foram 14 partidas, mas nenhum gol marcado. A campanha da equipe, entretanto, foi muito boa, terminando em quinto lugar tanto na Taça Guanabara como na Taça Rio, atrás apenas de Vasco, Botafogo, Fluminense e Flamengo. O campeão do ano foi o Flamengo, goleando o Fluminense na final (4 a 2).

Volta para a despedida

Roberto Dinamite voltou ao Vasco para a quarta e última passagem, entre 1992 e 1993. E para conseguir mais títulos: campeão da Taça Guanabara, da Taça Rio e, por consequência, campeão carioca, pois o time que vence os dois turnos fica com o título sem a necessidade de disputar um confronto final. Justamente aquela edição estadual teve o registro do último gol de Roberto como profissional: no dia 26 de outubro, na vitória de 1 a 0 sobre o Goytacaz, no Estádio São Januário.

Com 39 anos de idade, Roberto Dinamite encerrou a sua carreira num amistoso entre Vasco da Gama e Deportivo La Coruña, no Maracanã, em 24 de março de 1993. A equipe espanhola, que tinha como destaque o brasileiro Bebeto, venceu o jogo por 2 a 0. Mas Roberto Dinamite conseguiu mais um feito inimaginável para a maioria das pessoas ligada ao futebol, principalmente no Rio de Janeiro: Zico, maior ídolo da história do Flamengo, o grande rival do Vasco no estado, vestiu o uniforme vascaíno e jogou ao lado de Roberto, numa forma de homenagear o amigo.

Zico, adversário nos campos, declarou: "Roberto é um profissional que dispensa comentários como artilheiro. Além de ser um caráter especial como companheiro".

Outro nome histórico do Flamengo e hoje comentarista da TV Globo, Júnior também enaltece Dinamite: "Eu e o Dinamite não tínhamos afinidade, mas hoje somos grandes amigos, um dos melhores que eu tenho. E até vizinhos viramos".

Dinamite no nome

O apelido ganho no momento em que estreou na equipe profissional do Vasco, aos 17 anos, foi incorporado ao nome quando Roberto resolveu se dedicar à carreira política. Passou a ser Carlos Roberto Dinamite de Oliveira – e perpetuou o apelido na família, porque o filho mais novo, Rodrigo, também leva Dinamite no sobrenome. Naquele mesmo 1992, quando disputou a sua última competição oficial, Roberto elegeu-se vereador na cidade do Rio de Janeiro, com mais de 34 mil votos. Na sequência, quatro mandatos de deputado estadual (o último deles com final em 2010).

Mas a paixão pelo Vasco nunca foi abandonada. Ele foi escolhido como grande símbolo do movimento de oposição na política interna do clube que almejava desalojar Eurico Miranda da presidência. Depois de algumas tentativas, finalmente em 2008, Roberto Dinamite foi eleito presidente do Vasco da Gama. Mas assumiu um time cheio de problemas, dívidas e em situação delicada no Campeonato Brasileiro daquele ano. Não houve tempo para salvar a equipe, que acabou rebaixado para a Série B.

Remodelado, o Vasco conseguiu chegar até à semifinal da Copa do Brasil de 2009, mas foi eliminado pelo Corinthians (que seria o campeão). Na disputa da Série B do Campeonato Brasileiro, o time foi o campeão e garantiu a volta para a principal divisão em 2010. Mais um título para Dinamite, agora fora do campo.

Zico com uniforme do Vasco na despedida de Dinamite (com Bebeto ao centro): grande amizade depois de carreiras encerradas.

ENTREVISTA
ZICO

"Pelo aproveitamento, foi um dos maiores batedores de faltas que vi."

Durante mais de uma década, eles protagonizaram uma das maiores rivalidades do futebol brasileiro. Juntos transformaram-se nos maiores ídolos da história dos clubes que defenderam. Foram heróis de partidas e decisões, com vitórias e derrotas inesquecíveis para os dois lados. Artilheiros consagrados, cada um seguiu um caminho quando deixaram os campos. E a amizade só tem crescido apesar de as atividades atuais nem sempre permitirem encontros frequentes.

Roberto Dinamite é um ano mais novo do que Zico. E as disputas entre eles começaram muito antes de torcedores e imprensa tomarem conhecimento ou acompanharem suas carreiras. Ainda nas categorias de base de Vasco da Gama e Flamengo. Os dois foram contemporâneos no começo dos anos 1970, nas equipes juvenis. Eram conhecidos no Rio de Janeiro apenas pelos que acompanhavam atentamente o dia a dia das equipes – e começavam a ganhar as primeiras oportunidades entre os profissionais. No juvenil, duas grandes decisões. No profissional, incontáveis.

Inevitável que estivessem juntos também na seleção brasileira. Começaram praticamente ao mesmo tempo e o grande momento foi o Torneio do Bicentenário dos Estados Unidos, com o comando de Oswaldo Brandão. Depois, duas Copas do Mundo (1978 e 1982), quase nem atuando em campo concomitantemente – foram apenas alguns minutos em 1978, na Argentina. No entanto, foram as convocações e concentrações da seleção que permitiram aos dois o conhecimento que transformaria os ídolos dos rivais cariocas em amigos. A ponto de Zico ter jogado a partida festiva de despedida de Roberto Dinamite do futebol vestindo o uniforme do Vasco da Gama.

Nesta entrevista, Zico fala da rivalidade e de como Roberto Dinamite evoluiu como jogador ao longo da carreira. De atacante de referência, centroavante fixo na área à espera da finalização, a atleta completo, armador de jogadas, com visão suficiente para deixar companheiros em condições de fazer o gol. E cobrador de faltas dos melhores. Elogio que, vindo de Zico, um dos maiores da história no fundamento, ganha força e o coloca também entre os principais.

Vocês são contemporâneos das categorias de base: lembra de confrontos contra o Roberto nos campeonatos dessas categorias?
Claro que lembro, jogamos dois campeonatos de juvenis. E decidimos duas vezes um contra o outro. O Vasco ganhou em 1971 e o Flamengo em 1972. Esse de 1972 foi uma final de três jogos.

Roberto, que ainda não era Dinamite, já impressionava como artilheiro?
Naquela época, ele era aquele centroavante clássico, que ficava mais fixo lá na área, à espera de uma oportunidade para finalizar. Tinha um chute muito forte e fazia bem aquela parede para quem vinha de trás. Formava uma ótima dupla com o Luiz Fumanchu.

No juvenil, quando iam jogar contra o Vasco, já havia uma preocupação com o Roberto?
Naquele período de juvenil, o mais visado era o Fumanchu, que chegava armando as jogadas, mas as finalizações sempre eram do Roberto. Lógico que desde aquela época o Rondineli [zagueiro do Flamengo que ficou conhecido como Deus da Raça] era o incumbido de marcá-lo e não dar espaços para ele chutar.

Vocês estrearam nas equipes profissionais de Vasco e Flamengo no mesmo ano, 1971. Lembra de ter acompanhado a subida do Roberto ao profissional do Vasco?
Lembro muito bem. Se não me engano, num jogo contra o Internacional, no Rio, e o *Jornal dos Sports* colocou em manchete

usando o apelido Dinamite. Ele fez gol e a partir daí virou Roberto
Dinamite. Acredito que foi o jornalista Aparício Pires.

Nos profissionais, como eram os confrontos Roberto x Zico?
Sempre muito equilibrados. Aquela foi uma fase em que quase
todos os anos Flamengo e Vasco decidiam os títulos no Rio.
Lembro de 1974, 77, 78, 81, 82, 86. Isso só de campeonatos, sem
contar as finais de Taça Guanabara e Taça Rio. Dessas, eu nem
me lembro quantas foram. Além disso, tinham os confrontos de
artilharia que eu ganhei algumas vezes e ele outras.

*Tiveram alguma aproximação pessoal enquanto jogavam pelos dois
grandes rivais do Rio?*
Sempre nos respeitamos muito e nossa aproximação começou
quando fomos para a seleção brasileira, em 1976. Oswaldo
Brandão era o técnico. Mas nos víamos muito pouco em razão dos
compromissos profissionais.

*Chegaram a ficar amigos quando eram profissionais ou a rivalidade dos
dois clubes não permitia?*
A proximidade maior só aconteceu quando encerramos nossas
carreiras e posso dizer que hoje somos amigos. Essa questão da
rivalidade nunca atrapalhou nosso relacionamento. Todas as vezes
que nos encontramos é sempre muito bom, nos damos muito
bem. Quando éramos atletas tínhamos rotinas muito diferentes,
Flamengo e Vasco viajavam demais, jogavam muito.

*Vocês estiveram na seleção brasileira. Jogaram juntos em muitas partidas?
Era uma dupla que se entendia bem?*
Muito bem! Apesar de termos jogado muito pouco juntos na
seleção. Acredito que não chegamos a fazer nem dez partidas. Com
Roberto era muito fácil jogar, pois ele se colocava sempre no lugar
certo, não só para receber a bola e fazer o passe, mas principalmente
para finalizar.

Como era vestir a mesma camisa que o rival de clube?
Não pensava nisso. Ali era fazer o melhor para juntos ajudarmos a seleção.

Na seleção, estiveram juntos em duas Copas (1978 e 1982). O Roberto foi mal aproveitado? Poderia ter tido uma carreira mais vitoriosa na seleção?
Foi pena não podermos jogar juntos nessas Copas, exceto alguns minutos em 1978. Na Copa da Argentina, quando ele entrou na equipe, eu saí. Depois entrei no segundo tempo em dois jogos (Peru e Argentina). Quando começamos como titulares contra a Polônia, logo no primeiro minuto da partida eu me machuquei e saí. Em 1982, ele não ficava nem no banco. Acho que o Roberto mostrou sua capacidade nas oportunidades que teve. Acredito que ele poderia ter sido mais bem aproveitado, principalmente em 1982, pelo que já havia mostrado em 1978. Atrapalhou o fato de ele ter chegado depois, isso pode ter sido determinante para ele não ter sido escalado mais vezes.

Qual a principal característica do Roberto como jogador que você ressalta?
Sua colocação em campo e, principalmente, dentro da área. Roberto foi evoluindo com o passar dos anos. Passou a fazer coisas que não fazia antes, como voltar para buscar o jogo e lançar. Não só marcar os gols, mas também deixar os companheiros em condições de fazer. Depois de algum tempo, tornou-se exímio batedor de faltas. Transformou-se num jogador completo.

Ele era tão bom cobrador de faltas quanto o Zico?
Ao longo dos anos, graças aos treinos, ele evoluiu muito. Falta ali na entrada da área quase sempre era gol. Ele tinha um truque: esperava um tempo maior para ir para a bola. O goleiro, concentrado, ficava esperando. Quando o goleiro começava a relaxar, ele batia. E, pelo aproveitamento, foi um dos melhores batedores de falta que vi.

Como foi vestir a camisa do Vasco na despedida do Roberto?
Foi uma forma de homenagear, por tudo que ele fez pelo futebol do
Brasil, do Rio e do Vasco. Além disso, também foi uma retribuição,
porque quando fiz a minha despedida no Maracanã, em 1990, o
Vasco da Gama também me homenageou: o presidente da época,
Antônio Soares Calçada, esteve lá e me entregou uma placa de
bronze.

*Roberto e Zico viraram símbolos de Vasco e Flamengo, mesmo tendo
atuado em outros clubes. Nos dias de hoje ainda é possível jogadores
passarem tanto tempo no mesmo clube e criarem uma história semelhante
a que vocês construíram?*
Acho muito difícil isso acontecer, principalmente pela concorrência.
Na nossa época, era basicamente a Europa que tirava os atletas do
Brasil. Agora tem também Ásia, Oriente Médio. Além disso, teve a
mudança da legislação. Com a Lei Pelé e o fim da Lei do Passe, os
jogadores têm mais espaço para escolher o melhor destino.

E como recebeu a notícia de o Roberto ter sido eleito presidente do Vasco?
Com muita alegria. Estou muito feliz com os resultados que o
Roberto tem conseguido na presidência do Vasco. Está conduzindo
o clube de maneira tranquila, transparente e valorizando o seu
grande patrimônio que é a torcida. Que ele siga fazendo muitos gols
também na presidência como fez em campo.

CAPÍTULO 9

CARECA

Campeão brasileiro com 17 anos, brilhou no Guarani e no São Paulo. Companheiro destacado de Maradona, ajudou o Napoli a fazer história no futebol italiano. Jogou também no Japão. Esteve em duas Copas do Mundo e marcou sete gols em nove jogos.

Quando cantava animadamente as músicas que ouvia no velho aparelho de rádio (televisão ainda era coisa rara nas residências), o garoto de Araraquara, interior paulista, certamente não sonhava que seria um dos maiores atacantes da história do futebol brasileiro poucos anos depois. Poucos mesmo. Careca não tinha completado 18 anos e já era campeão brasileiro e revelação do futebol nacional. Brilhou também na Europa, no Japão, na seleção brasileira e em duas Copas do Mundo – e talvez tivesse uma posição ainda mais destacada na história, se uma daquelas seleções tivesse conquistado o Mundial.

E ganhou fama internacional fazendo gols, muitos e bonitos. "Ver um goleiro desolado é um estímulo para mim", disse ele numa entrevista à revista *Veja*, em março de 1987. "Se pudesse, faria dez gols por jogo só para olhar a cara dos goleiros."

No auge da carreira, logo depois de conquistar o Campeonato Brasileiro de 1986 e ir para a Itália, arrancava elogios rasgados no mundo do futebol. "Ele é um jogador completo", dizia Evair, na época atacante do Guarani, com quem disputou até os últimos minutos a artilharia daquele campeonato. "O futebol que ele está jogando é maravilhoso", palavras de Rivellino, à época comentarista de televisão. "O Careca é o melhor centroavante dos últimos 30 anos", escreveu Roberto Avallone, colunista do *Jornal da Tarde*. "O Careca é o melhor atacante do Brasil", declarou Müller, talvez o melhor parceiro de ataque que teve.

Fã do palhaço

Ao nascer em 5 de outubro de 1960, Antônio de Oliveira Filho recebeu o mesmo nome do pai, mas o apelido veio de outro personagem, muito antes de se interessar pelo futebol: o palhaço Carequinha, sucesso entre meninos e meninas da época. O garoto tinha

6 anos de idade, e sabia todas as músicas que ouvia exaustivamente em disquinhos de vinil. E ainda acompanhava todas as apresentações pelo rádio. Virou Carequinha também. Na adolescência, quando começou a fazer os primeiros gols nas equipes amadoras da própria cidade natal, já era só Careca.

O futebol fez parte da vida de Careca desde os primeiros dias de vida, porque o pai foi um razoável ponta-esquerda, tendo atuado na Ponte Preta, Mogiano e Ferroviária de Araraquara, onde encerrou a carreira. Como jogador era apenas Oliveira – ou Maquininha, apelido que recebeu em razão da velocidade que imprimia às suas jogadas. Quando o futebol era apenas uma diversão, Careca dividia-se entre as peladas de rua e o Tênis Clube de Araraquara, onde sua mãe (dona Ziza) trabalhava como atendente no vestiário feminino. Ali, ela conseguiu que o filho ganhasse algum dinheiro trabalhando como pegador de bolas para os jogadores de tênis. Tinha 12 anos.

Das peladas sem compromisso passou a atuar no Benfica e no Colorado, clubes amadores da cidade. O técnico do dente de leite do Colorado, Zé Lemão, percebeu que com a velocidade, habilidade e dribles curtos, a melhor posição para Careca seria a meia-direita, ou ponta de lança. E assim foi. O sucesso precoce por ali incentivou Careca a tentar uma vaga no Guarani de Campinas, equipe que na época se destacava na revelação de talentos, graças, em boa medida, a uma extensa rede de "olheiros" espalhados pelo Brasil, responsáveis pelas indicações de garotos que poderiam despontar como astros do futebol.

Em janeiro de 1976, com 15 anos de idade, Careca participou de um teste, muito mais por farra. Não achava que fosse passar. Foi aprovado e integrou-se às categorias de base da equipe campineira. Passou a fazer parte do time juvenil. E foi ali que encontrou o técnico Ilzo Neri, que enxergou nele o artilheiro: trocou a camisa 8 pela 9, virou centroavante. Um ano depois, para desgosto do pai, Careca abandonou os estudos porque o futebol, com treinos, jogos e viagens, o impediam de acompanhar a turma – concluiu apenas o nível hoje equivalente ao ensino fundamental.

Gols no clássico

Quando completou dois anos de Guarani, destaque da equipe juvenil, Careca foi chamado pelo técnico Carlos Alberto Silva, responsável pelos profissionais. Estava em formação o grupo que disputaria o Campeonato Brasileiro daquela temporada (1978), mas faltava um atacante no elenco. Carlos Alberto observou aquele garoto do juvenil e disse ao presidente do clube: "Não precisa contratar centroavante. Temos o Adriano, que está voltando do Palmeiras, e o Careca, que é ótimo". Tinha apenas 17 anos e três meses de idade. O começo daquele time não foi dos mais promissores – derrota em casa para o Vasco por 3 a 1, três gols de Roberto Dinamite. E o primeiro gol de Careca na competição só aconteceu na sexta rodada da primeira fase, na goleada de 5 a 0 sobre o Confiança, em Campinas.

Mas num campeonato com 74 participantes, muitos grupos, muitas fases, houve tempo para a recuperação –, principalmente, para que Careca aos poucos fosse ganhando confiança, entrando cada vez com mais frequência, fazendo gols e conquistando a posição de titular. O jogo em que Careca despontou como craque foi justamente no clássico da cidade, contra a Ponte Preta: ele marcou dois gols, o Guarani venceu o *derby* (como é chamado o confronto local) por 2 a 1. Na rodada seguinte, goleada sobre o Itabuna por 7 a 0 e mais dois gols dele.

A equipe conseguiu se classificar entre os oito que disputaram as quartas de final. No primeiro confronto, eliminou o Sport, de Recife (duas vitórias, 2 a 0 e 4 a 0). Nas semifinais, a eliminação do Vasco da Gama (duas vitórias, 2 a 1 e 2 a 0). O Guarani foi para a final contra o Palmeiras, que tinha como destaques Leão, Jorge Mendonça, Nei, Escurinho, Alfredo, Pedrinho, com a direção de Jorge Vieira. Ao lado de Careca estavam jovens revelações como Renato, Zenon, Flecha, Capitão, Zé Carlos.

Campeão brasileiro

No primeiro jogo, realizado em São Paulo, o Guarani venceu por 1 a 0, gol de Zenon, de pênalti, num lance com participação de Careca, que provocou a expulsão do já muito experiente Leão. Na segunda partida, em Campinas, outra vitória do Guarani por 1 a 0, gol de Careca. Faltavam dois meses para o atacante completar 18 anos. Ele projetava seu nome nacionalmente, além de entrar para a história com seus companheiros – pela primeira vez uma equipe do interior ganhou o título do Campeonato Brasileiro. Careca terminou a competição com 13 gols. O artilheiro daquele ano foi Paulinho, do Vasco, com 19 gols.

Após a competição, Careca já reclamava da violência dos adversários, mas não foram agressões dos zagueiros as responsáveis pela primeira contusão importante da carreira: rompimento do menisco do joelho direito. Em janeiro de 1979, teve que ser operado pela primeira vez. Segundo ele, contundiu-se sozinho, num dos jogos das semifinais do Brasileiro contra o Vasco da Gama. Em tempos de medicina esportiva ainda sem os avanços dos dias de hoje, a cirurgia era considerada de risco e duvidava-se, inclusive, se ele voltaria a jogar o mesmo futebol demonstrado até ali.

Contusão e seleção

No segundo semestre de 1979, teve mais uma contusão importante e ficou parado até meados de 1980. Seu bom futebol voltou apenas em 1981, quando recebeu a sua primeira convocação para a seleção brasileira: participou do torneio internacional de Toulon, na França, para menores de 23 anos. Foi campeão – vitória sobre a Tchecoslováquia na final, por 2 a 0. Mas ele mesmo reconheceu depois que não estava no melhor da sua forma naquela competição, sentindo problemas musculares na virilha.

No mesmo ano, o Guarani conquistou a Taça de Prata (a segunda divisão do Campeonato Brasileiro). Careca fez um bom campeonato, mas não marcou tantos gols – o artilheiro da competição foi outro jogador do Guarani, Jorge Mendonça. Em 1982, mais uma vez o Guarani manteve bom rendimento no cenário nacional, desta vez na Taça de Ouro (como era conhecida a primeira divisão no início dos anos

1980). Foi até as semifinais, quando perdeu para o Flamengo de Zico (que seria campeão) e terminou em terceiro lugar. Careca marcou 17 gols, mas ficou atrás do ídolo do clube carioca, que fez 20.

A primeira convocação para a seleção principal só aconteceu em março de 1982, quando o grupo dirigido por Telê Santana já estava classificado para o Mundial da Espanha e fazia os seus últimos testes. Ele foi chamado para um amistoso contra a Alemanha Ocidental (as Alemanhas ainda estavam separadas). A seleção venceu a partida no Maracanã, gol de Júnior. Já estava naquele time parte da base da Copa do Mundo: Valdir Peres, Leandro, Oscar, Luisinho e Júnior; Vitor, Adílio e Zico; Paulo Isidoro, Careca e Mário Sérgio. Nos jogos amistosos seguintes contra Portugal, Suíça e República da Irlanda, o atacante do Guarani esteve na lista de Telê Santana e ficou entre os convocados que seguiram para a Espanha. E nos treinos estava claro que seria titular, tendo Serginho como seu reserva.

Contusão e corte

O jogo de estreia da seleção na Copa do Mundo da Espanha aconteceu em 14 de junho, em Sevilha, contra a União Soviética. Alguns dias antes, a equipe estava pronta, definida e Careca seria o titular. Mas exatos quatro dias antes do primeiro jogo, durante um treino, ele teve uma importante contusão muscular na virilha direita. Foi cortado e perdeu a chance de participar do Mundial – para o seu lugar foi convocado Roberto Dinamite. "Foi o dia mais triste da minha vida", foi tudo o que o atacante conseguiu dizer no dia seguinte ao episódio, quando cruzou com alguns fotógrafos no interior do Parador Carmona, local da concentração. À noite, no quarto, depois de receber a notícia do corte, chorou, segundo o zagueiro Edinho, seu companheiro de quarto.

Mais uma vez Careca foi obrigado a parar por alguns meses. Logo depois, sua carreira tomaria outro rumo, porque ele foi contratado pelo São Paulo, em janeiro de 1983, para ocupar a vaga de Serginho, que havia sido negociado com o Santos – o mesmo Serginho que havia virado titular na Copa do Mundo depois do corte de Careca. Na época, circularam rumores de que Palmeiras e Inter de Milão também tentaram comprar o passe do atacante do Guarani, mas ele negou.

Careca assinou o contrato em 21 de janeiro e estreou dia 29, contra o América de Natal, no Morumbi, na terceira rodada da primeira fase do Campeonato Brasileiro: goleada da equipe paulista por 4 a 0 e o primeiro gol de Careca com a camisa do novo clube. O São Paulo liderou todas as fases classificatórias em seus grupos, passou para as quartas de final, mas acabou eliminado pelo Atlético Paranaense – terminou em quinto lugar na competição. Careca marcou 17 gols (o São Paulo jogou 22 partidas). Serginho, no Santos, ficou em primeiro na artilharia, com 22 gols (o Santos jogou 26 vezes).

No mesmo ano, o São Paulo chegou à final do Campeonato Paulista contra o Corinthians – era a famosa formação da Democracia Corinthiana, com Sócrates, Casagrande, Wladimir, Zenon... O Corinthians ficou com o título. Careca, no entanto, não disputou a final, já com um problema que praticamente o tiraria dos gramados em boa parte de 1984: artrite gotosa no pé direito.

De volta à seleção

Careca voltou a ser chamado para a seleção brasileira em 1983, depois de retomar a boa forma e seguir fazendo gols pelo São Paulo. No final de abril, em um amistoso contra o Chile, no Maracanã (vitória por 3 a 2), marcou seu primeiro gol pela equipe principal – embora tivesse participado dos amistosos de preparação para a Copa da Espanha, não havia feito gol. Voltou a marcar em jogos contra Portugal (duas vezes), Suíça e Suécia, garantindo presença na disputa da Copa América. Participou de cinco dos oito jogos brasileiros, mas não conseguiu fazer gols. A seleção brasileira perdeu a final para o Uruguai.

Depois de um primeiro ano muito bom com o São Paulo e de convocações constantes para a seleção, 1984 praticamente não teve o atacante em campo. Logo no início do ano, quando o Campeonato Brasileiro ainda começava, chegou a ser questionado pela torcida por não ter retornado aos campos e também porque não tinha disputado a final do Paulistão do ano anterior contra o Corinthians. Foi um longo tratamento: mais de oito meses. Não bastasse isso, em maio contraiu hepatite e perdeu todo o primeiro semestre – o São Paulo não passou da segunda fase do Brasileiro e terminou em 17º lugar. Sem poder contar com seu principal jogador em boa parte da competição, o time ficou apenas em quarto lugar no Campeonato Paulista vencido pelo Santos (e disputado em pontos corridos).

Em 1985 e 1986, Careca voltou a viver grandes momentos com o São Paulo e com a seleção brasileira. Recuperado dos problemas físicos, passou a fazer parte de um time de garotos que o técnico Cilinho começou a recrutar. O treinador havia chegado no final do ano anterior e foi montando a equipe com Pita, Müller, Sidney, Silas... O time ficaria conhecido como Menudos do Morumbi, numa alusão ao grupo musical porto-riquenho que embalava as adolescentes da época. O time não foi bem no Campeonato Brasileiro, não passou das primeiras fases, mas explodiu no Campeonato Paulista, jogado no segundo semestre.

No primeiro turno ficou em segundo lugar (a Portuguesa foi a primeira) e venceu o segundo turno. Nas semifinais eliminou o Guarani e na decisão não teve problemas para derrotar a Portuguesa e conquistar o Campeonato Paulista de 1985. Careca foi o artilheiro do Campeonato, com 23 gols.

Reencontro com Telê

Careca seguiu sendo chamado para a seleção brasileira, que no primeiro semestre de 1985 teve o comando de Evaristo de Macedo. Mas com a aproximação das Eliminatórias para o Mundial do ano seguinte e o mau futebol da equipe, a Confederação Brasileira de Desportos (CBD) resolveu colocar mais uma vez à frente do time o técnico Telê Santana, apesar da derrota na Copa do Mundo anterior. A seleção brasileira disputou uma vaga contra Paraguai e Bolívia. Careca participou apenas dos dois jogos contra a Bolívia: em La Paz, substituiu Casagrande na vitória de 2 a 0; no Morumbi, foi titular e fez o gol no empate de 1 a 1. Mesmo sem encantar, a vaga para a Copa do México estava garantida.

No ano seguinte, na preparação para a Copa do Mundo, Careca participou de praticamente todos os jogos, a maioria como titular, e aos poucos ia se firmando como o principal jogador do país. Até porque os remanescentes da seleção de 1982 que Telê tentava reagrupar (Zico, Falcão, Cerezo) apresentavam problemas físicos. A seleção brasileira disputou cinco jogos no México e Careca fez cinco gols – só não marcou contra a Espanha, no primeiro jogo. Mas compensou fazendo dois contra a Irlanda do Norte. Fez também nas vitórias contra a Polônia e Argélia e no empate contra a França. Neste jogo, na disputa por pênaltis, o Brasil foi eliminado da competição. Careca ficou em segundo lugar na artilharia (ao lado de Maradona, da Argentina, e Butragueño, da Espanha), com um gol a menos que o inglês Lineker.

Campeão brasileiro

De volta da Copa do Mundo, Careca reintegrou-se ao São Paulo para a disputa do Campeonato Brasileiro da temporada (que só terminaria em fevereiro de 1987). Talvez tenha sido o principal momento do atacante com a camisa do clube paulistano. Depois de duas etapas de classificação, o São Paulo avançou para as quartas de final. Eliminou o Fluminense no primeiro confronto. Nas semifinais, o adversário foi o América (RJ), também eliminado em dois jogos. Na decisão, por ironia, o confronto seria com o Guarani, que há oito anos, também numa final de Brasileiro, havia revelado o garoto Careca.

E foi uma decisão sensacional. No primeiro jogo, realizado em São Paulo, no Morumbi, empate de 1 a 1 – Careca marcou para o São Paulo e Evair fez para o Guarani. A partida que decidiu o título foi uma das mais formidáveis da história do futebol brasileiro, disputada em Campinas, no Estádio Brinco de Ouro da Princesa. No tempo normal, mais uma vez empate de 1 a 1 – Nelsinho, lateral-esquerdo do São Paulo marcou um gol contra e Bernardo empatou. Como nenhum dos dois tinha vantagem, foi jogada uma prorrogação.

Jogando pelo São Paulo, no Morumbi pouco mais de quatro anos e vários títulos pelo clube.

Logo nos primeiros minutos do tempo extra, Pita colocou o São Paulo na frente. Mas o Guarani conseguiu virar o placar, com Marco Antônio Boiadeiro e João Paulo. A prorrogação caminhava para o final e a torcida do Guarani fazia festa, sentindo a proximidade do segundo título brasileiro. Mas no último minuto da prorrogação, justamente Careca apareceu para empatar mais uma vez o confronto. Na decisão por pênaltis, o São Paulo conquistou o Brasileirão de 1986. Careca foi o goleador da competição com 25 gols. Os últimos que marcou com a camisa do tricolor paulista.

Com Maradona, na Itália

Depois do Campeonato Brasileiro, começou uma longa negociação entre Napoli e São Paulo para a transferência de Careca para a Itália. A equipe italiana vivia o seu momento de ouro desde a contratação de Diego Armando Maradona, em 1984. Na temporada anterior à chegada do argentino, o clube do sul da Itália havia conseguido uma modesta 12ª posição num campeonato disputado por 16 times. Na primeira temporada (1984-85) com o argentino, pulou para o oitavo; na seguinte (1985-86) chegou em terceiro. E o título veio no Campeonato Italiano encerrado no final do primeiro semestre de 1987, poucos meses depois do título do São Paulo, no Brasil.

Querendo dar um salto ainda maior, o Napoli contratou Careca, pagando, à época, 3,1 milhões de dólares. No entanto, o final da passagem do atacante pelo São Paulo foi litigioso. "Os atuais dirigentes do São Paulo não merecem a menor confiança", declarou o artilheiro ao *Jornal da Tarde*, em 26 de maio de 1987, quando a negociação foi concluída. Segundo ele, a direção do São Paulo tentou modificar os termos do que havia sido combinado com os italianos, para ganhar mais dinheiro. Careca garantiu à época que abriu mão de mais de um milhão de dólares para que a transação fosse concretizada.

A dupla formada por Maradona e Careca funcionou logo na primeira temporada. Os dois foram os goleadores do Campeonato Italiano: o argentino fez 15 e o brasileiro 13 gols. O Napoli terminou com o vice-campeonato, três pontos atrás do Milan, que na época tinha os holandeses Van Basten, Ruud Gullit e Frank Rijkaard. Na temporada seguinte (1988-89), outro vice-campeonato, desta vez atrás do outro time de Milão, a Inter. Careca terminou novamente na segunda posição entre os goleadores, ao lado de Van Basten, com 19 gols. O artilheiro foi Serena, da Inter, com 22.

Conquistando a Europa

Na segunda temporada no clube do sul da Itália, Careca e Maradona não conquistaram apenas o vice-campeonato. A dupla ganhou projeção para o Napoli na Europa, com a conquista da Copa da Uefa, a segunda competição em importância do continente. Ficaram pelo caminho Paok Salonika (Grécia), Lokomotive Leipzig (Alemanha Oriental), Bordeaux (França), Juventus (Itália) e Bayern (Alemanha Ocidental). A final foi contra o Stuttgart (Alemanha Ocidental). No primeiro jogo, na Itália, o Napoli venceu por 2 a 1 (gols de Careca e Maradona). Na volta, na Alemanha, empate de 3 a 3 (com um gol de Careca).

Era o melhor momento do clube em sua história. Um título e dois vices na Itália, além de conquistar a Copa da Uefa. O time continuou em alta na temporada 1989-90 e ganhou pela segunda vez a competição nacional – Maradona fez 16 gols e Careca, 10.

O sonho napolitano começou a desmoronar no começo de 1991. Em fevereiro, Maradona foi acusado pela Justiça da Itália de envolvimento com drogas e com uma rede de prostituição. Em abril, a confirmação: foi flagrado no exame antidoping por uso de cocaína. O craque argentino foi suspenso por 15 meses pela Fifa e expulso pela diretoria do Napoli. Com tanta confusão, o time teve um desempenho discreto e ficou em oitavo lugar no Campeonato Italiano (Careca marcou nove gols).

Dupla responsável pelos anos de ouro do Napoli, Careca e Maradona participaram das seleções de seus países na Copa do Mundo de 1990, disputada na Itália.

OS 11 MAIORES CENTROAVANTES DO FUTEBOL BRASILEIRO

Nova Copa, nova frustração

Depois da derrota no México, em 1986, Careca só voltou para a seleção um ano depois, em junho de 1987, para reencontrar o técnico Carlos Alberto Silva, que há nove anos o havia lançado no profissional do Guarani. Participou da Copa América daquele ano, mas o time foi mal e não passou da primeira fase. Em 1988, jogou só uma partida na seleção (empate de 1 a 1, em Estocolmo). No primeiro semestre de 1989, a seleção ganhou novo técnico: Sebastião Lazaroni. Careca não jogou na primeira parte do ano, ficou fora inclusive da Copa América, que o Brasil ganhou em casa. Para as Eliminatórias para a Copa do Mundo de 1990, o atacante retornou, no segundo semestre.

A seleção enfrentou Venezuela e Chile. Não teve dificuldades para garantir uma vaga para o Mundial – Careca fez cinco gols em quatro jogos, quatro deles apenas na goleada de 6 a 0 sobre a Venezuela. A partir de março de 1990, o Brasil fez cinco amistosos preparatórios para a Copa e Careca foi titular em todos, na maioria fazendo dupla de ataque com Müller, que havia sido seu parceiro no São Paulo, anos antes. Os outros atacantes da seleção eram Bebeto, Romário e Renato Gaúcho. O time de Sebastião Lazaroni era confuso, tentava jogar num sistema pouco utilizado na época no futebol brasileiro (com três zagueiros) e havia ainda problemas de relacionamento entre os jogadores e divergências entre eles e os dirigentes por causa de prêmios e patrocínios.

O clima ruim no grupo refletiu-se em campo durante os jogos da Copa do Mundo. Careca foi titular em todos. Na primeira fase, vitória de 2 a 1 sobre a Suécia (dois gols de Careca) e de 1 a 0 sobre Costa Rica e Escócia (gols de Müller). Veio então o confronto nas oitavas de final, justamente contra a Argentina de Diego Maradona, o grande companheiro de Careca no Napoli. O Brasil, que tinha jogado muito mal na primeira fase, disputou sua melhor partida e perdeu por 1 a 0, gol de Caniggia, em lance de Maradona.

"Nós matamos a Argentina o tempo todo, até tomarmos aquele gol. Foi a única jogada que eles criaram, porque Maradona é assim mesmo: num lance deixa o companheiro na cara do gol e decide o jogo", contou

Careca alguns dias depois da eliminação brasileira. Ao final da partida, Maradona correu em direção a Careca e deu um abraço afetuoso, entendendo a dor do amigo, a quem chamava de Antônio.

Rumo ao Oriente

Na temporada do Campeonato Italiano de 1991-92, o Napoli mostrou que não fez sucesso só por causa da genialidade de Maradona. Terminou em quarto lugar na competição e Careca ficou também em quarto na artilharia, com 15 gols. No campeonato seguinte (1992-93), a decadência do clube e a do brasileiro ficaram evidentes: o time terminou em 11º lugar na classificação e o atacante marcou apenas sete gols – já estava com pouco mais de 32 anos.

No meio de 1993, ao final da temporada italiana, Careca acertou a sua transferência para o futebol japonês, que começava a profissionalizar as suas equipes e fazia grandes investimentos em atletas consagrados. Careca foi contratado pelo Hitachi, da segunda divisão. O time cresceu, conseguiu ascender para a primeira divisão e passou a se chamar Kashiwa Reysol. O atacante brasileiro ficou no Oriente até o final de 1996 – durante alguns meses em 1995 chegou a jogar com Müller, antigo companheiro de São Paulo e de seleção brasileira, que também se transferiu para lá.

Depois de algumas convocações esporádicas feitas pelos técnicos Paulo Roberto Falcão e Ernesto Paulo, em 1991 e 1992, Careca voltou a ser chamado para a seleção brasileira com mais frequência por Carlos Alberto Parreira em 1993, tendo em vista a aproximação das Eliminatórias para a Copa dos Estados Unidos. Participou de alguns amistosos, disputou o Torneio U.S. Cup nos Estados Unidos, mas ficou fora da Copa América no Equador. No primeiro jogo das Eliminatórias, em Quito, contra o Equador, estava no grupo e jogou – empate de 0 a 0.

No entanto, a partida serviu para demonstrar ao atleta que ele já não tinha mais condições de jogar pela seleção. Estava longe da sua melhor condição física e naquele momento, julho de 1993, negociava a transferência para o Japão, o que impedia que se concentrasse totalmente no trabalho para a Copa.

No clube do coração

Quando retornou ao Brasil, Careca realizou um sonho de infância: jogar pelo Santos, o clube de coração quando atuava nas peladas de Araraquara. Disputou algumas partidas no Campeonato Paulista daquele ano de 1997 e, mais uma vez teve a parceria de Müller, que também estava no clube. Ainda chegou a atuar em alguns jogos em 1998 pelo São José, clube de Porto Alegre, no Campeonato Gaúcho. Tinha 37 anos.

Naquele mesmo ano, fundou o seu próprio clube de futebol, em sociedade com outro ex-atacante, Edmar [Edmar Bernardes dos Santos, que jogou no Guarani, Corinthians, Palmeiras, Flamengo, Atlético Mineiro, Grêmio, Cruzeiro, entre outros clubes]. O Campinas FC surgiu para ser um formador de jogadores, além de disputar categorias de base e campeonatos profissionais. Já foi três vezes campeão paulista sub-20 da segunda divisão, e o time profissional disputa o Campeonato Paulista da Série A-3 (terceira divisão). No começo de 2010, o clube foi vendido para a Prefeitura de Barueri, cidade da Grande São Paulo, e transformou-se em Sport Clube Barueri.

ENTREVISTA
MÜLLER

"Era um atacante completo e tinha aquela fome dos artilheiros."

Se alguém perguntar quem foi o grande parceiro de Careca ao longo da carreira, muito provavelmente a resposta da maioria será Diego Maradona. Afinal, em pouco mais de três anos juntos no Napoli foram dois vice-campeonatos e um título do Campeonato Italiano, a conquista da Supercopa da Itália e uma Copa da Uefa. Resultados nunca antes atingidos pelo modesto clube do sul do país – e jamais repetidos. Mas poucos atletas conseguiram um casamento técnico tão perfeito com Careca como Müller, companheiro em vários momentos da carreira, principalmente no São Paulo e na seleção brasileira.

Müller era juvenil do São Paulo quando Careca, já atacante consagrado no Guarani, foi contratado. Era 1983. De longe, viu o jogador ser campeão paulista daquela temporada, mas quase não tinha contato com o grupo de profissionais. Só no segundo semestre de 1984 teve chance no time de cima, com a chegada de Cilinho ao comando – o técnico tinha predileção em trabalhar com garotos jovens, vindos das categorias de base. Só em 1985 é que os dois passaram a jogar juntos e formar dupla de ataque.

E as características de ambos encaixaram-se rapidamente: velocidade, rapidez de raciocínio e ótima finalização. Ajudados por um time jovem e muito forte (Pita, Silas, Márcio Araújo, Sidney, Renato), contribuíram para que o São Paulo conquistasse o Campeonato Paulista de 1985 – Careca foi o artilheiro e Müller ficou em segundo. Juntos conquistaram também o Campeonato Brasileiro de 1986, depois da Copa do Mundo do México, na qual também formaram dupla. No mundial, Careca fez cinco gols em cinco jogos.

Careca foi para o Napoli, Müller para o Torino, parecia o fim da parceria. Mas em 1995 voltaram a se encontrar no Japão, apenas por alguns meses, jogando pelo Kashiwa Reysol. E mais um reencontro, em 1997, quando Careca, prestes a encerrar a carreira, quis disputar alguns jogos pelo seu time de coração, o Santos. Müller estava lá.

Na entrevista a seguir, Müller relembra os primeiros contatos, quando o garoto promovido do juvenil se viu treinando com um jogador consagrado. Fala ainda dos treinos exaustivos sob o comando de Cilinho, além dos grandes momentos que viveram juntos no São Paulo e na seleção brasileira.

Como foi o seu encontro com Careca no São Paulo?
Eu estava no juvenil do São Paulo desde 1982, tinha vindo do Mato Grosso. O Careca chegou em 1983, mas já como jogador importante, veio a peso de ouro, tinha sido campeão brasileiro pelo Guarani, era jogador da seleção brasileira. Claro que eu já acompanhava o futebol dele desde 1978, quando ele apareceu no Guarani. Mas nós só fomos treinar juntos no segundo semestre de 1984, quando o Cilinho assumiu o time e deu mais espaço para os garotos da base.

Você lembra de quando passou a treinar com os profissionais?
Claro. E foi graças a um pouco de sorte. Naquela época, não era comum os juvenis treinarem junto com os profissionais. Só de vez em quando, quando precisava de alguém para completar o time reserva para um coletivo, é que eles iam buscar alguém entre os amadores. Em setembro ou outubro de 1994, o José Carlos Serrão, auxiliar do Cilinho no profissional, foi até o alojamento do juvenil e só dois jogadores estavam lá: eu e o Lange. Acontece que nós que morávamos mais longe, não tínhamos dinheiro para ir para casa, era um dia de folga. Os que moravam em cidades mais próximas tinham viajado.

Você nem era titular no juvenil?

Não, era o terceiro reserva. Participei do treino no time reserva dos profissionais. Se todos os jogadores juvenis estivessem lá, provavelmente eu nem teria ido para aquele treino. Só que o Cilinho gostou do meu jogo e disse que a partir daquele dia eu treinaria com o time de cima. Falou que não interessava se eu era reserva ou não na equipe juvenil. O ataque do São Paulo naquela época era formado por Geraldo, Renato, Careca e Sidney.

E como foi o contato pessoal com o Careca?

Na verdade, no começo só nos encontrávamos nos treinos. Ele era um cara fechado, não era de muita conversa. E eu era um garoto subindo do juvenil, também cheio de timidez, nem ficava muito perto dos jogadores mais consagrados. Ficava no meu canto, sem conversar muito. Procurava sempre ficar mais próximo daqueles que eu conhecia do juvenil, como Sidney e Boni.

Quem era mais próximo do Careca nesse período?

Em 1984, o São Paulo tinha contratado o Casagrande, por empréstimo. E ele fazia dupla com o Careca no ataque titular. E eram amigos também fora de campo, estavam sempre juntos. O Casagrande também era um jogador consagrado, tinha jogado naquela equipe bicampeã paulista pelo Corinthians, com o Sócrates.

É verdade que o Careca quase deixou o São Paulo em 1984?

É verdade, a torcida dizia que ele estava bichado. Dentro do clube havia muita desconfiança em relação ao Careca, que tinha tido muitos problemas de saúde em 1984, quase não jogou. Havia uma pressão de dirigentes. Ele esteve ameaçado, inclusive, de ser negociado. Mas o Cilinho resolveu que valia a pena tentar a recuperação e colocá-lo em condições de jogo. Ele disse que daria uma chance para o Careca se recuperar e jogar em 1985, se isso não acontecesse, aí sim poderiam vender o passe dele. O preparador físico Bebeto (Carlos Alberto de Oliveira) garantiu que ele podia voltar a ser o grande jogador de antes. E o responsável pelo tratamento foi o Marco Aurélio Cunha, que nem era do departamento profissional. Como ele conseguiu sucesso no trabalho, foi promovido também para trabalhar com a equipe principal do São Paulo. E não deu outra, em 1985 o Careca voltou com tudo. E conseguimos o título do Paulistão.

Quando é que você quebrou o gelo em relação ao Careca?
No final de 1984. Um dia o Cilinho disse para todo mundo, lá no São Paulo: "Para o ano que vem, vamos preparar uma dupla que tem tudo para ser um sucesso no São Paulo e na seleção brasileira: Müller e Careca". E à medida que fui entrando na equipe e conquistando a posição de titular, o meu relacionamento com o Careca foi melhorando também fora de campo. Passamos a ter um grande entrosamento também na vida pessoal. Até hoje somos amigos.

Como aconteceu o entendimento dentro de campo?
Quando o Cilinho me colocou para treinar com o time titular, ele disse: "sempre que você pegar a bola procure o Careca. Você tem que tocar para ele e receber de volta". É o que no futebol a gente chama de 1-2. E nós passamos a trabalhar muito esse tipo de jogada, a tabelinha, os toques em velocidade. Foram treinamentos exaustivos. Naquela época, o Pita também estava no time. Eu, Pita, Márcio Araújo e Careca ficávamos horas treinando aquelas tabelinhas em velocidade. Deu certo, conseguimos um casamento bem legal.

Por que a dupla funcionava tão bem?
O Careca era um atacante completo. E tinha aquele jeito fominha dos artilheiros. Eu não tinha tanta gana de fazer gols, então sempre procurava por ele e dava os passes. Claro que ele gostava de jogar comigo. Eu explorava mais a minha velocidade para deixar o Careca em condições de fazer os gols. Tínhamos um grande entendimento. Além disso, os boleiros sempre têm alguns códigos que ajudam na hora dos jogos.

Müller, um dos grandes parceiros de Careca: velocidade e inteligência diferenciavam o artilheiro.

Que códigos são esses?
Na época em que jogávamos no São Paulo, um já sabia o que o outro ia fazer quando a bola chegava. Por exemplo, quando a bola era lançada para o Careca, ele gritava "Müller, Müller..." e eu já sabia que deveria correr em direção à linha de fundo, porque era ali que ele ia mandar a bola. E ele ia para a área para esperar o meu lançamento. E com tanto treino, o entrosamento ia crescendo e nos jogos as coisas aconteciam naturalmente.

E como foi o desempenho de vocês na seleção brasileira?
A primeira vez que estivemos juntos na seleção foi em 1986, quando eu fui convocado pelo Telê Santana. Fizemos dois amistosos na Europa, contra Alemanha Ocidental e Hungria. O Careca também estava lá, era a preparação para a Copa do Mundo de 1986. Quando comecei a ir para a seleção, o Casagrande era o titular, mas durante os amistosos e os treinos fui melhorando. Comecei a Copa no banco, nas duas primeiras partidas entrei no segundo tempo. Mas na terceira virei titular ao lado do Careca e fiquei até sermos eliminados. Acredito que fizemos uma boa parceria naquele Mundial, apesar de não termos ganhado. Nos conhecíamos bem desde o São Paulo, tínhamos bom entrosamento. O Careca estava no auge, tanto que logo depois foi negociado com o Napoli.

E na Copa de 1990?
Também jogamos juntos. Acredito que tivemos um bom desempenho mais uma vez. Uma pena que o time não tenha feito uma boa Copa e acabamos eliminados muito cedo, naquele jogo contra a Argentina, justamente quando estávamos melhorando.

Quando o Careca foi negociado para a Itália, acreditou que ele poderia fazer tanto sucesso lá como já fazia no Brasil?
Claro, tinha certeza de que ele iria bem. Não só porque era um ótimo jogador, mas também porque ia jogar ao lado do Maradona, o melhor jogador do mundo naquele período. O Napoli tinha crescido muito, era campeão italiano. E teve um segredo ali: o clube

contratou cinco ou seis jogadores do Torino, uma base inteira, com atletas entrosados, que já se conheciam bem. E colocaram o time para jogar em função do Careca e do Maradona.

Vocês chegaram a jogar juntos depois, no Japão?
Pois é, foram apenas alguns meses. O Careca tinha ido para o Japão em 1993. Eu fui para lá no primeiro semestre de 1995. Mas fiquei só alguns meses, porque logo depois fui contratado pelo Palmeiras e voltei para o Brasil. Mas mesmo assim conseguimos fazer alguns bons jogos e nós dois fizemos gols. O Careca estava perto do encerramento da carreira, sentia problemas num dos joelhos.

Mas a parceria não acabou ali.
Ainda teve o Santos. Quando o Careca voltou para o Brasil, ele jogou algumas partidas pelo Santos, no Campeonato Paulista. Isso porque o Santos era o time de coração dele quando garoto. Voltamos a jogar. Mas o joelho impedia o Careca de ser o mesmo dos velhos tempos.

CAPÍTULO 10

ROMÁRIO

Polêmico, irreverente,
e um dos maiores artilheiros
da história. Tornou-se ídolo
em clubes no Brasil,
Holanda e Espanha e foi
o grande nome na conquista
da Copa de 1994.

Quando Johan Cruyff proferiu a frase, certamente não imaginou que viraria chavão quando o assunto é Romário: "Ele é o gênio da grande área". A dupla trabalhou junto no Barcelona, um dirigindo a equipe e outro fazendo gols – ambos conquistando títulos e marcando a história do clube. Mas Romário foi mais do que isso: polêmico, dono de língua afiada, colecionou admiradores incondicionais e desafetos declarados ao longo da carreira. Ídolo no Barcelona e psv da Holanda, Romário viveu momentos de amor e ódio nas suas passagens pelos clubes brasileiros, sobretudo Vasco da Gama e Flamengo. Na seleção brasileira, conseguiu a fama de "ter ganhado uma Copa do Mundo sozinho", em 1994, nos Estados Unidos.

Quem pesquisa a vida e a carreira de Romário, encontra demonstrações constantes da personalidade forte. Mas uma delas é bem simbólica: ele ainda era amador, tinha 19 anos e já treinava com os profissionais do Vasco da Gama. Um dia, durante um treino, procurou o técnico Antônio Lopes e disparou: "Professor, me coloca no time, quero ser titular. Jogo muito mais do que esse camisa 10 aí". Estava se referindo ao maior ídolo da história do clube, Roberto Dinamite, que até hoje é o maior goleador da história do Vasco e detém marcas não superadas no Campeonato Brasileiro e no Campeonato Carioca. Lopes teve que se virar e pouco tempo depois os dois estavam juntos como titulares no ataque vascaíno.

"Romário não tem definição. Comparo-o, no futebol, a uma obra de arte. Como você vai definir uma obra de Picasso? Você não tem que definir e, sim, admirar", diz Evaristo de Macedo, que como jogador foi atacante da seleção brasileira e fez muito sucesso também na Europa, jogando no Barcelona e no Real Madrid.

Infância difícil

Edevair de Souza Faria e Manuela Ladislau Faria (dona Lita), os pais de Romário, eram do Espírito Santo, mas se instalaram no Rio de Janeiro em busca de melhores empregos e condições de vida. Foi ali que se casaram e criaram os filhos. Romário, o mais velho, nasceu em 29 de janeiro de 1966, na comunidade do Jacarezinho. Foi um período de muitas dificuldades, Edevair era tingidor de roupas e dona Lita lavava e passava para outras famílias. Nos primeiros anos de vida, Romário sofria muito com crises de asma, razão pela qual os médicos aconselharam a família a se mudar para outro ponto da cidade e o bairro escolhido foi a Vila da Penha. Romário tinha 4 anos e o irmão, Ronaldo, 3.

Na infância, até por volta dos 10 anos, os dois irmãos sempre ajudaram muito os pais, principalmente dona Lita, entregando as roupas. A partir dessa fase, a dupla passou a dividir o tempo também com a bola, nas peladas do bairro. E aí surgiu o primeiro técnico da vida de Romário: o pai, Edevair. Ele resolveu criar uma equipe de futebol na qual os filhos e os amigos da vizinhança pudessem jogar. Surgiu o Estrelinha. O garoto Romário estudava no Colégio Embaixador Mauro Furtado, em Cordovil, e Edevair chegou a mudar o filho de horário na escola, colocando-o à noite, para que ele pudesse treinar mais durante o dia sob seu comando e do amigo Jerônimo.

Em 1979, quando Romário tinha 13 anos, surgiu a primeira oportunidade de jogar no Vasco, por intermédio de um vizinho que o levou para fazer um teste. Mas os responsáveis pelas categorias de base do clube avaliaram que ele era muito pequeno e fraco. Por isso, foi levado para um teste no Olaria e ali disputou o Campeonato Carioca Infantil de 1980, terminando como artilheiro do time na competição.

Enfim, o Vasco

No ano seguinte ao Campeonato Infantil, um diretor do Olaria voltou a insistir com seus conhecidos no Vasco e conseguiu uma vaga para Romário, que disputou a edição de 1981 do Campeonato Carioca Infantil com a camisa do novo clube. No entanto, ainda implicavam muito com a baixa estatura e com a pouca massa muscular do garoto. Tanto que pensaram em dispensá-lo em 1983, de acordo com "tio" Ney, grande amigo do pai de Romário ainda da época de Espírito Santo, que sempre foi tratado pelo jogador como segundo pai.

Mesmo nessa época, os irmãos Ronaldo e Romário continuavam jogando bola e ajudando os pais no trabalho, descarregando caminhões com melancias, no Ceasa, em Irajá. Ronaldo também treinava nas categorias de base do Vasco e nem sempre havia dinheiro para os dois irem de ônibus ao clube, por isso eles se revezavam.

No final de 1985, pela primeira vez Romário foi convocado para a seleção brasileira de juniores, depois de uma grande atuação no Campeonato Carioca da categoria. Na primeira lista do técnico Jair Pereira, o nome de Romário não apareceu. Mas aí veio a final do Campeonato Carioca entre Vasco e Flamengo. A atuação do Baixinho foi tão impressionante que o técnico foi obrigado a incluir Romário na seleção. O atacante do Vasco foi artilheiro do Campeonato Sul-americano e grande destaque da competição.

Naquele mesmo ano, ele teve a sua primeira chance na equipe profissional do Vasco. Edu Coimbra (o irmão de Zico) assumiu como técnico e deu atenção aos atletas amadores. Sob o comando dele foram oito partidas no time de profissionais, inclusive a estreia contra o Coritiba, pelo Campeonato Brasileiro. Romário entrou no segundo tempo, não fez gol, mas o Vasco venceu por 3 a 0, no dia 6 de fevereiro. O primeiro gol com a camisa profissional só aconteceu em agosto, num amistoso contra o Nova Venécia, no Espírito Santo.

"Quero ser titular"

Depois de oito jogos com o comando de Edu, Romário voltou para o time júnior, até porque precisava jogar e não só ficar no banco. Quando Antônio Lopes assumiu o comando dos profissionais para o Campeonato Carioca (que naquele tempo era disputado no segundo semestre), mais uma vez chamou Romário – e a partir dali ele não saiu mais.

O ataque do Vasco era formado por Mauricinho, Roberto e Silvio. Este último machucou-se na fase de preparação e deu chance para a escalação de Romário – o que explica a camisa 11, que Silvio usava. Romário a fez famosa, a ponto de o Vasco aposentá-la durante a gestão de Eurico Miranda na presidência do clube. Logo no primeiro jogo do Campeonato Carioca, marcou dois gols na goleada de 5 a 2 contra a Portuguesa. Não saiu mais do time, jogou no mesmo ataque que Roberto e terminou como vice-artilheiro da competição. Tinha 19 anos e só assinaria seu primeiro contrato profissional para a temporada seguinte.

O Vasco da Gama ganhou a Taça Guanabara (primeiro turno do Campeonato Carioca) de 1986 e Antônio Lopes não esquece os gols de Romário nas finais contra o Flamengo. "Ele fez dois gols espetaculares e jogou muito". No final do Carioca, o Vasco não foi campeão (deu Flamengo), mas Romário foi artilheiro pela primeira vez do estadual, com 20 gols. Repetiria a dose no ano seguinte, com 16 gols – e conquistaria seu primeiro título profissional, com o Vasco campeão carioca derrotando o Flamengo na final.

Ídolo na Holanda

O ano de 1988 deu a Romário o bicampeonato carioca com o Vasco. E também a convocação para a seleção brasileira que disputou os Jogos Olímpicos de Seul, na Coreia do Sul. A equipe dirigida por Carlos Alberto Silva ficou com a medalha de prata, derrotada na final pela União Soviética por 2 a 1. Estavam naquele mesmo grupo jogadores como Taffarel, Jorginho, Neto, Bebeto, Batista (zagueiro do Atlético Mineiro), Careca e Ricardo Gomes, entre outros. Romário foi o artilheiro da competição, com sete gols.

Foi em Seul que ele jogou pela primeira vez ao lado do parceiro que ele mesmo considerou o melhor de toda a sua carreira, Bebeto.

– Tínhamos entrosamento. As jogadas saíam naturalmente. Não esqueço o passe que ele me deu para fazer o gol contra a Nigéria. Foi muito parecido com outro, já na Copa de 1994, contra os Estados Unidos. Só não ganhamos a medalha de ouro porque o juiz inventou um pênalti para a União Soviética na final – lembra Bebeto.

Outro integrante da seleção nas Olimpíadas acrescenta: "Se não fossem os gols de Romário, certamente não teríamos conseguido chegar à medalha de prata", conta Geovani, também jogador do Vasco na época.

Pouco tempo depois, o Vasco da Gama negociou o atacante com o PSV. Romário tinha 22 anos e viajou para se transformar em ídolo também no clube holandês e, alguns anos mais tarde, no Barcelona, na Espanha. A equipe holandesa havia acabado de conquistar a Liga dos Campeões da Europa, derrotando o Benfica em disputa por pênaltis na final. O PSV era dirigido por Guss Hiddink e o capitão do time era o belga Gerets. Logo na primeira temporada (1988-89), Romário, então com 23 anos, foi artilheiro do campeonato nacional e conquistou o título. Foi dele a artilharia também nas duas temporadas seguintes (com 23 e 25 gols, respectivamente), além de ganhar de novo os campeonatos de 1990-91 e 1991-92. Jogando pelo PSV, Romário ainda foi o maior goleador da Liga dos Campeões da Europa 1989-90, com seis gols. O time foi eliminado nas quartas de final, num confronto com o Bayern de Munique, da Alemanha.

A passagem de Romário pela Holanda foi tão marcante que até hoje ele figura entre os maiores ídolos da história do clube, ocupando o principal lugar no hall da fama da equipe. Ele disputou 109 jogos com a camisa do PSV e marcou 98 gols – média de 0,94 por jogo. O sucesso de Romário acabou levando o PSV a investir em outros jogadores brasileiros nas temporadas seguintes: Ronaldo Fenômeno, Diego Tardelli, Alex (ex-zagueiro do Santos) e o goleiro Gomes passaram por lá.

Fratura atrapalha Copa

Quando ainda estava na primeira temporada no futebol holandês, Romário conquistou com a seleção brasileira a Copa América de 1989, disputada no Brasil. Na primeira fase, o Brasil não foi bem, empatando sem gols com Colômbia e Peru e ganhando da Venezuela. Na fase final, vitórias sobre Argentina (2 a 0), Paraguai (3 a 0) e Uruguai (1 a 0). O Brasil marcou nove gols na competição, sete da dupla Bebeto-Romário (4 e 3, respectivamente). A seleção brasileira não conquistava a competição havia 40 anos e aquele torneio também ficou marcado pelo drible que Romário aplicou em Maradona, colocando a bola no meio das pernas do argentino, na época considerado o melhor jogador do planeta.

Tudo se encaminhava para que a Copa de 1990, na Itália, fosse o grande momento de Romário e de seu parceiro Bebeto. Mas, no final de 1989, Romário sofreu uma fratura no tornozelo, o que prejudicou a sua preparação para o Mundial. Ele chegou à Itália sem as melhores condições, ainda em processo de recuperação, tanto que levou com ele o fisioterapeuta Nilton Petrone (a quem Romário deu o apelido de Filé, que veio de "filé de borboleta", por causa da magreza do profissional).

"Tínhamos tudo para arrebentar na Itália", lembra Bebeto. "Com o Romário em fase de recuperação, o Sebastião Lazaroni preferiu escalar Careca e Müller. Segundo o conceito dele, eram duplas. Se um não podia jogar, o outro também não jogava." O Brasil foi eliminado pela Argentina de Maradona, nas oitavas de final, e Romário só atuou como titular na partida contra a Suécia, sendo substituído no segundo tempo.

Rei na Catalunha

Romário já era um dos atacantes mais importantes do mundo quando foi contratado pelo Barcelona, na Espanha, no final da temporada 1992-93. Viveu naquele período no clube espanhol um dos momentos mais importantes da sua carreira, juntamente com o sucesso na seleção brasileira. De cara, na pré-temporada com a equipe da Catalunha, conseguiu marcar 17 gols em 12 jogos. No Campeonato Espanhol atingiu uma média de gols altíssima: 30 gols em 33 jogos (0,90 por jogo) e o Barcelona ficou com o título, sob o comando do técnico Johan Cruyff. Na segunda temporada, jogou apenas metade do período. Foram 13 partidas, nas quais marcou quatro gols. Acabou sendo negociado em janeiro de 1995 com o Flamengo.

Na disputa da Liga dos Campeões da Europa, na temporada 1993-94, Romário foi o artilheiro com sete gols e o Barcelona chegou até a final, mas acabou derrotado pelo Milan (4 a 0). Na equipe italiana atuavam Maldini, Panucci, Boban, Desailly, Savicevic, Massaro. No Barcelona, ao lado de Romário, atuavam Guardiola, Koeman, Zubizarreta, Stoichkov. Na temporada seguinte, praticamente sem Romário, o Barcelona caiu nas quartas de final, diante do Paris Saint-Germain.

Mesmo tendo feito uma temporada excepcional e outra jogando pouco e saindo antes do final, Romário até hoje é considerado um dos maiores atletas da história do clube catalão. Em seu site na internet, o Barcelona apresenta Romário entre os atletas considerados "legendas".

Enquanto encantava os espanhóis, no seu primeiro semestre no clube, Romário mais uma vez foi decisivo na seleção brasileira, no final de 1993. Durante quase todo o período das Eliminatórias Sul-americanas, o atacante não foi chamado pelo técnico Carlos Alberto Parreira. Os dois tiveram um desentendimento numa das convocações para um amistoso, quando o atleta ainda atuava no PSV. Em uma entrevista, disse que não viajara da Holanda para Porto Alegre para ficar no banco. Mas ficou. E só no último jogo, contra o Uruguai, o Brasil precisando de um empate, Romário voltou ao grupo de Parreira: fez os dois gols na vitória do Brasil (2 a 0) sobre o Uruguai e teve uma atuação impecável, no Maracanã lotado. Era apenas uma sinalização do que ele faria no ano seguinte na Copa dos Estados Unidos.

1994: a consagração

Campeão na Espanha, finalista da Liga dos Campeões da Europa e artilheiro dos dois torneios, Romário chegou com a seleção brasileira para a Copa de 1994 como o maior jogador do planeta. Faltava a ratificação no maior evento do futebol mundial.

– Romário foi um dos maiores atacantes que vi jogar. Rápido, habilidoso, preciso nas conclusões, um gênio na grande área. Foi um jo-

OS 11 MAIORES CENTROAVANTES DO FUTEBOL BRASILEIRO

Artilheiro faz gol contra a Holanda, em 1994: toque de genialidade numa seleção pragmática.

gador decisivo na classificação para a Copa de 1994 e na conquista do tetracampeonato. Por isso escreveu o nome na história do futebol – diz o técnico Carlos Alberto Parreira. O coordenador técnico daquela seleção, Zagallo, concorda: "Foi um jogador excepcional. O melhor jogador de área, nos bons tempos".

Jorginho, lateral-direito da seleção naquele Mundial, lembra da personalidade de Romário antes de a Copa começar: "Ao sairmos do Brasil, ele prometeu, em uma entrevista, que traria o título e repetiu a promessa para o grupo de jogadores. A gente conversava muito na concentração e nos treinos".

No primeiro jogo, o Brasil derrotou a União Soviética (2 a 0) e Romário fez o primeiro gol. Contra Camarões, mais um gol de Romário e vitória de 3 a 0. Na última partida da primeira fase, 1 a 1 contra a

Suécia (e o terceiro gol de Romário). Na vitória sobre os Estados Unidos, nas oitavas de final, a seleção venceu (1 a 0) e o gol foi de Bebeto, recebendo passe de Romário. Nas quartas, 3 a 2 na Holanda (mais um de Romário). Semifinal contra a Suécia, outra vitória por 1 a 0 (de novo Romário). A final com a Itália terminou empatada sem gols no tempo normal e na prorrogação e o Brasil ficou com o título nos pênaltis. Romário não estava entre os que mais treinavam pênaltis, mas na hora em que Parreira elaborou a lista dos cobradores, levantou a mão e disse que queria bater – e converteu.

Campeão do mundo, vice-artilheiro da Copa do Mundo (Stoichkov e Salenko fizeram um gol a mais), consagrado na Europa jogando pelo Barcelona, Romário chegou ao topo no final de 1994, durante a festa da Fifa para encerramento do ano: foi eleito o melhor jogador do mundo, num colégio eleitoral formado por técnicos e capitães de todas as seleções nacionais do planeta. No ano anterior havia ficado em segundo lugar na eleição e no seguinte terminaria em quarto.

Volta ao Brasil

Logo depois da festa da Fifa, no meio da temporada europeia, o Flamengo acertou a contratação de Romário e o trouxe de volta ao Brasil, depois de quase sete anos atuando na Holanda e na Espanha. O pensamento da diretoria do clube carioca era formar um esquadrão imbatível para aquela temporada, pois além de Romário formavam o ataque Edmundo e Sávio, no que a diretoria do clube pretendia que fosse "o melhor ataque do mundo". Depois de um bom começo – a conquista da Taça Guanabara com vitória na final sobre o Botafogo (com três gols de Romário) –, perdeu o Estadual para o Fluminense, com Renato Gaúcho fazendo um gol de barriga no finalzinho da partida decisiva (Fluminense 3 a 2). Romário foi o artilheiro da competição. No Campeonato Brasileiro, o time fez uma campanha muito ruim e o seu ataque virou tema da ironia dos adversários fazendo rima: "o pior ataque do mundo, Sávio, Romário e Edmundo".

– O futebol acontece só dentro de campo e há sempre alguns fatores que pesam para se conseguir bons resultados. O Flamengo daquele ano de 1995 não tinha a união necessária para garantir a conquista do campeonato. Essa coisa contribuiu para que não desse certo. Foi um desastre! – disse Sávio, em depoimento para o livro *Romário*, de Marcus Vinícius Rezende de Moraes.

No começo de 1996, o Flamengo conquistou de maneira invicta o Campeonato Carioca e mais uma vez Romário foi o artilheiro da competição. Pouco depois, a conquista da Copa Ouro Sul-americana. No entanto, ainda no primeiro semestre, Romário foi envolvido numa negociação e acabou emprestado ao Valencia, da Espanha. Jogou apenas cinco partidas e marcou quatro gols. Retornou ao Flamengo para ainda disputar o Campeonato Brasileiro – mais uma vez o Flamengo foi muito mal e terminou na 14ª posição.

Artilheiro nômade

A partir de 1997, sua carreira transformou-se num entra e sai constante dos clubes. Com 30 anos de idade, no entanto, não havia declínio técnico acentuado, como comprovarão os muitos títulos conquistados, além das artilharias – sem contar as polêmicas envolvendo personagens, clubes e a seleção brasileira. No primeiro semestre de 1997, ainda pelo Flamengo, foi vice-campeão do Torneio Rio-São Paulo (derrota para o Santos na final) e vice-campeão da Copa do Brasil (derrota para o Grêmio). E com a seleção brasileira foi campeão da Copa América na Bolívia (só não jogou a final) e da Copa das Confederações, na Arábia Saudita. No Campeonato Brasileiro, jogou apenas quatro partidas, porque na metade do ano transferiu-se mais uma vez para a Espanha, em um novo empréstimo para o Valencia – outra vez experiência frustrante, porque só jogou seis partidas e marcou um gol.

No primeiro semestre de 1998, novo retorno para o Flamengo. Foi vice-campeão estadual, perdendo a decisão para o Vasco. E exatamente um mês antes da Copa do Mundo da França, Romário contundiu-se numa partida do Campeonato Carioca contra o Friburguense. Mesmo assim, foi levado junto com a delegação para a França, pois havia expectativa de que pudesse se recuperar a tempo e jogar mais um Mundial. Mas alguns dias antes do início foi cortado e substituído por Émerson – por causa disso, nunca perdoou o coordenador técnico Zico e o técnico Zagallo. Chegou a garantir que estaria em condições de entrar na segunda fase da Copa. Não foi atendido e voltou a jogar pelo Flamengo ainda com a competição da França em andamento.

Em 1999, mais um título carioca com o Flamengo, de novo como principal goleador da competição. Foi também campeão e artilheiro da Copa Mercosul, com oito gols. No Brasileiro, a equipe não foi tão bem e, no último jogo, Romário acabou dispensado pelo clube por indisciplina, por ter escapado para uma festa em Caxias do Sul, depois de derrota para o Juventude. As relações entre as partes já estavam abaladas em razão dos atrasos nos pagamentos e da dívida do clube para com o artilheiro.

Volta ao Vasco

Contrato rompido pelo Flamengo, Romário foi recebido de braços abertos pelo Vasco da Gama, para onde voltou dez anos depois de ter partido para a Europa – Romário completava 34 anos de idade. O ano de 2000 foi mais uma vez de títulos: bicampeão da Copa Mercosul, com três gols dele na vitória sobre o Palmeiras por 4 a 3, depois de o Vasco estar perdendo por 3 a o no campo do adversário. O Vasco ganhou também o Campeonato Brasileiro daquele ano (denominado Copa João Havelange), conquistando a artilharia. Foi artilheiro também da Mercosul, do Campeonato Carioca e do Torneio Rio-São Paulo.

No início de 2000, o Vasco disputou o 1º Campeonato Mundial de Clubes organizado pela Fifa, realizado no Brasil. O clube perdeu a decisão na disputa por pênaltis para o Corinthians, no Maracanã. Nessa segunda passagem pelo clube que o revelou, Romário teve muitos desentendimentos com as torcidas organizadas, especialmente a Torcida Força Jovem. Durante a disputa da Copa Mercosul de 2001, ao deixar o campo numa partida contra a Universidade de Chile, fez gestos obscenos para a arquibancada, que passou o jogo gritando o nome de seu desafeto na época, Edmundo. Romário repetiu o ano 2000 e mais uma vez foi artilheiro do Campeonato Brasileiro.

Em 2002, mesmo com 36 anos de idade, ainda era o principal atacante em atividade no futebol brasileiro, até porque Ronaldo Fenômeno recuperava-se mais uma vez de grave contusão no joelho. A Copa do Mundo da Ásia se aproximava, e a seleção brasileira enfrentara muitas dificuldades para conseguir uma vaga no Mundial – a certeza só veio na última rodada das Eliminatórias, contra a Venezuela.

Entre os jornalistas especializados e torcedores, havia um clamor nacional para que Romário fosse convocado. No entanto, o técnico Luiz Felipe Scolari não havia esquecido um pedido de dispensa do atleta da Copa América do ano anterior, quando alegou a necessidade de realizar uma cirurgia no olho e foi jogar um amistoso com o Vasco, no México. Scolari resolveu apostar na recuperação de Ronaldo e não convocou Romário. O Baixinho não esteve, portanto, entre os 23 do pentacampeonato na Ásia.

A vez do Fluminense

Os desentendimentos com a torcida do Vasco e a dívida gigantesca que o clube tinha com ele levaram Romário a aceitar uma proposta do Fluminense, clube que tentava montar uma equipe forte no ano do seu centenário, em 2002. Logo na estreia, uma goleada sobre o Cruzeiro por 5 a 1, com dois gols de Romário. Ele marcou 16 em 26 partidas disputadas naquela competição. O Fluminense terminou em quarto lugar. Romário permaneceu até 2005 no Fluminense, mas não conquistou nenhum título, embora tenha feito 13 gols em 21 jogos no Brasileiro de 2003.

Entre 2003 e 2004 ainda teve uma experiência no mundo árabe, jogando pelo Al-Saad, do Catar. De volta ao Brasil, em 2004, seu desempenho já foi bem inferior, com apenas cinco gols em 12 jogos do Brasileiro. Além disso, mais uma vez enfrentou problemas disciplinares.

Nessa época, com 38 anos, Romário já pensava na possibilidade de encerrar a carreira profissional, tanto que comemorou os dez anos da conquista do tetracampeonato da seleção brasileira com um jogo nos Estados Unidos que foi denominado de "despedida internacional" de Romário. No começo de 2005, havia muita dúvida se ele continuaria jogando. E foi nesse período em que Romário vislumbrou a possibilidade de alcançar a marca dos mil gols – o que viraria quase uma obsessão até meados de 2007.

Foi com esse objetivo que em janeiro de 2005 Romário apresentouse ao Vasco para a sua terceira passagem pelo clube. Pouco depois de completar 39 anos, Romário foi mais uma vez artilheiro do Campeonato Carioca, que disputava pela 15ª vez. No Campeonato Brasileiro, marcou 22 gols, passou a ser o segundo maior goleador de todos os tempos do torneio, atrás apenas de Roberto Dinamite, e esta foi mais uma marca para a história: o mais velho artilheiro da história da competição – Romário estava próximo de completar 40 anos.

Ainda no primeiro semestre, num amistoso contra a Guatemala organizado para a comemoração dos 40 anos da TV Globo, o centroavante foi convocado e fez sua despedida da seleção brasileira, no Estádio do Pacaembu. Em 2006 e 2007, Romário continuou em busca do milésimo gol, revezando-se entre o Vasco e equipes como Miami (Estados Unidos) e Adelaide (Austrália). Além de alguns amistosos arrumados pelo Vasco no lugar dos treinos, exatamente para aumentar a lista de gols. Romário encerrou a sua carreira no começo de 2008, aos 42 anos de idade, com a disputa do Campeonato Carioca, no qual chegou até a desempenhar a função de técnico em algumas partidas.

Milésimo gol

O gol número 1.000 de Romário foi marcado em 20 de maio de 2007, no Estádio São Januário, contra o Sport, de Recife, pelo Campeonato Brasileiro. Foi de pênalti, contra o goleiro Magrão e o Vasco venceu o jogo por 3 a 1. Até o final daquele ano, ainda faria mais dois gols e terminaria com 1.002. A lista sempre foi muito contestada, porque soma gols feitos desde as categorias de base e contempla alguns jogos que mais pareciam peladas entre amigos –

OS 11 MAIORES CENTROAVANTES DO FUTEBOL BRASILEIRO

diferentemente da contagem de Pelé, cuja lista inclui os gols marcados depois de subir para a equipe profissional do Santos.

Em 2009, Romário assumiu a função de gerente de futebol do América carioca, numa homenagem ao seu pai, torcedor da equipe. Quando "seo" Edevair ainda estava vivo, viu o filho fazer dois gols contra o América. Naquele dia, Romário prometeu que um dia jogaria *no* América. Como gerente, Romário ajudou o clube a voltar para a primeira divisão do Rio de Janeiro. E mais: nos dois últimos jogos, com o acesso garantido, ele voltou a calçar as chuteiras e jogou oficialmente pelo time, cumprindo a promessa que fizera ao pai – o América foi o campeão. Como gerente, no começo de 2010 anunciou a contratação de seu antigo parceiro nos campos, Bebeto, como técnico do clube. No entanto, Bebeto trabalhou poucos jogos. Foi demitido pelo amigo Romário no final do primeiro turno da competição.

Mauro Silva treina com a seleção: vida dura contra Romário na Espanha.

ENTREVISTA
MAURO SILVA

"Na Copa de 1994, Romário foi o protagonista absoluto!"

Carlos Alberto Parreira nunca negou: seu homem de confiança na seleção brasileira campeã do mundo em 1994 era Mauro Silva. Foi titular desde o começo da preparação. Tanto que em muitas convocações, quando Dunga não estava, foi o companheiro de quarto de Romário. "Ele muitas vezes me fazia rolar de rir com suas brincadeiras", lembra. Um ano mais novo que o atacante, estava no Guarani de Campinas quando começou a ouvir falar de um atacante baixinho, rápido e de jogadas espetaculares que surgia no Vasco da Gama.

Pouco depois, Mauro transferiu-se para o Bragantino para ganhar o Campeonato Paulista e, sob o comando de Carlos Alberto Parreira, ser vice-campeão brasileiro. Nesta época, Romário já estava na Holanda, atuando pelo PSV. Não chegaram a se enfrentar pelos clubes nacionais nesse período. Isso só aconteceu quando os dois foram negociados com equipes do futebol espanhol: Romário no Barcelona e Mauro Silva no Deportivo La Coruña. Mauro chegou primeiro, em agosto de 1992. Romário exatamente um ano depois.

No meio do caminho, os dois tiveram o primeiro contato e foram apresentados em dezembro de 1992. O Brasil fez um amistoso em Porto Alegre contra a Alemanha e venceu por 3 a 1 – Mauro foi titular e Romário entrou no segundo tempo. E por ter ficado no banco, o atacante entrou em rota de colisão com a comissão técnica brasileira. Só voltariam a se encontrar na seleção no final do ano seguinte, quando Romário retornou para o time nacional e marcou dois gols na vitória sobre o Uruguai garantindo a presença do Brasil na Copa do Mundo de 1994.

Mauro Silva não considera que Romário ganhou sozinho aquele Mundial, como costumam dizer muitos torcedores e jornalistas. No entanto, tem muita dúvida se o título viria sem Romário. E garante que o homem decisivo em campo, com gols espetaculares, era uma figura igualmente indispensável internamente, muito brincalhão, divertido e querido pelos companheiros. Na entrevista a seguir, ele classifica Romário como "protagonista absoluto" na conquista do tetracampeonato.

Lembra de quando ouviu falar pela primeira vez do Romário?
Lembro. Eu jogava no Guarani, estava começando a minha carreira quando ele surgiu naquele time do Vasco. Jogavam também Bismarck, Geovani... Ele logo começou a se destacar, a aparecer com jogadas geniais, gols espetaculares. Claro que todo mundo do meio do futebol começou a acompanhar. Eu também. Na época não podia sequer imaginar que dali a alguns anos eu estaria jogando com ele na seleção brasileira, numa Copa do Mundo.

Chegou a jogar contra ele aqui no Brasil?
Não joguei, não. Porque logo depois ele foi para a Holanda, eu ainda fiquei por aqui mais algum tempo. Mas acabei encontrando com ele na Espanha, quando ele foi para o Barcelona e eu para o Deportivo La Coruña.

E como foi enfrentar o Romário por lá?
Foi um sofrimento danado. O Barcelona tinha um *dream team*. Era dirigido pelo Johan Cruyff, jogavam Laudrup, Stoichkov, Guardiola, Koeman... Não foi fácil. Romário foi um dos melhores jogadores que eu vi atuar. Tive inclusive que marcá-lo em algumas situações de jogo. Ele era imprevisível, fazia jogadas sensacionais. Eu me lembro que o argentino Jorge Valdano uma vez disse que ele parecia um personagem de história em quadrinhos, de desenho animado. Eu posso dizer que o Romário era quase um extraterrestre.

Até hoje ele é lembrado na Espanha?
Não tenha dúvida. Ainda mais do jeito que o espanhol é apaixonado. Até hoje as pessoas de lá lembram as coisas que ele fez.

Ele marcou uma época no futebol espanhol naquele período em que jogou no Barcelona. Acredito que ele tenha vivido um dos melhores momentos da carreira dele jogando entre os espanhóis.

É verdade que aconteceram boas histórias entre ele e o Cruyff?
Eu tive no La Coruña um amigo que foi funcionário do Barcelona, nessa época. E ele contava algumas coisas bem engraçadas, por causa da personalidade forte das duas estrelas. Teve uma vez que o Cruyff chamou um assistente e falou: "Vai lá no vestiário e diz ao Romário que eu preciso falar com ele, quero que ele venha aqui na minha sala". Aí o rapaz foi até o Baixinho e deu o recado. O Romário virou para ele e disse: "Fala para ele que quando quiser falar comigo, sabe onde me encontrar".

E a história dos chutes de bico do Romário?
Pois é, essa era uma característica dele. Entrava na área e na hora de finalizar batia com o bico da chuteira na bola. Num treino do Barcelona, o Romário só chutando de bico. Aí o Cruyff chegou para ele e disse: "Você está fazendo errado. É assim que se faz", pegou a bola e chutou com o peito do pé e mandou a bola no ângulo. O Romário não se abalou e mandou essa: "Assim eu não sei, mas faço desse jeito". Deu um bico na bola e também mandou no ângulo.

Quais as características que você destacaria?
Ele era um jogador muito frio na hora de finalizar. Tinha uma tranquilidade impressionante para fazer gols espetaculares. Dava a impressão que ele queria fazer as coisas sempre da maneira mais difícil. Eu chegava a pensar: por que ele não faz mais simples? Parece que ele sabia que não erraria, então tentava fazer o gol do jeito mais complicado.

Quando você encontrou com ele na seleção?
A primeira vez que eu fui convocado junto com ele foi num amistoso em Porto Alegre, contra a Alemanha. Foi aquele jogo em que ele brigou com o Zagallo e aí ficou fora das convocações até a

última partida das Eliminatórias. Depois só fomos nos reencontrar no jogo contra o Uruguai, o último da classificação para a Copa do Mundo de 1994.

Ele foi decisivo para aquela classificação?
Foi, porque chegou, fez dois gols e o Brasil ganhou. Ele chegou no momento certo, porque depois, inclusive, pôde dar continuidade ao trabalho na seleção, na Copa do Mundo. Ele chegou muito motivado, estava com muita vontade de ganhar aquele Mundial.

Como ele era no dia a dia nas concentrações da seleção?
O Romário é uma pessoa especial. Sei até que a imagem que ele passava para a imprensa, para a torcida não era a mesma que nós tínhamos dentro do grupo. Hoje em dia, depois que parou de jogar, ele está mais brincalhão nas entrevistas, mas naquela época não era assim. No entanto, no grupo ele era muito brincalhão, vivia provocando os outros jogadores, principalmente o Edmundo. Era muito divertido. Eu tive a chance de dividir quarto com ele em algumas convocações. Eu rolava de rir com as brincadeiras.

Mas ele não tinha alguns problemas de disciplina?
Pode ser, mas nunca fez nada que prejudicasse o grupo. E mais: quando ia para o campo, todo mundo sabia que ele ia decidir os jogos. Não adianta nada você ter jogadores muito comportados, um time de convento, e não ganhar de ninguém.

Muita gente diz que "Romário ganhou sozinho a Copa do Mundo de 1994". Considera injusto?
Dar 100% do crédito para o Romário claro que não é justo, porque ninguém joga sozinho. Mas eu não sei se ganharíamos a Copa se ele não estivesse lá. Não podemos esquecer que o Bebeto também fez uma grande competição, muitos jogaram bem. No entanto, o Romário foi o protagonista absoluto. Era claro o envolvimento dele com o grupo, com o objetivo de ganhar a Copa.

Você presenciou a conversa dele com o Parreira na hora da cobrança dos pênaltis na final, quando ele pediu para bater?
Não presenciei. Mas fiquei sabendo da história. O mais engraçado foi depois da cobrança. Ele foi lá, bateu, a bola pegou na trave e entrou. Quando ele voltou para junto dos outros jogadores, o Branco virou para ele e disse: "Pô, Romário. Do jeito que você bateu, morreram do coração uns 200 mil brasileiros".

E dentro de campo, qual o comportamento dele? Só ficava esperando a bola ou participava dando orientações?
É curioso, isso. Quando o time estava bem, ganhando, ele ficava na dele, lá na frente, sem falar muito. Mas quando a equipe passava por dificuldades, aí sim ele voltava, tentava fazer coisas diferentes, se movimentava, pedia a bola, gritava com os companheiros. Parece que ele sentia que quando a equipe não estava bem precisava interagir mais para ajudar.

Você teve uma relação mais próxima com ele?
Posso dizer que tivemos uma relação de amizade. Até porque aquela Copa foi muito sofrida. Isso aproximou todo mundo. Mesmo quando não estávamos mais na seleção, ainda nos falávamos constantemente. Quem conheceu o Romário de perto, conviveu com ele, sempre manteve por ele um carinho muito grande. No dia a dia ele sempre foi uma pessoa muito querida pelo grupo.

Como você acompanhou a persistência dele na busca do milésimo gol?
No começo, eu achei que não seria bom para ele. Aquele negócio de ir esticando a carreira só para conseguir marcar o milésimo gol. Tinha a impressão de que ele tinha tomado a decisão errada. Quando ele conseguiu, a repercussão que aquilo teve foi tão grande, que valeu a pena. Foi um desfecho bonito para a carreira dele. E aí tive a certeza de que o Baixinho acertou mais uma vez.

Hipólito Pereira/Agência O Globo

CAPÍTULO 11

RONALDO

Roteiristas criativos de cinema ou novela provavelmente não conseguiriam pensar numa trajetória tão repleta de glória, drama e suspense como a vida real do maior artilheiro das Copas em todos os tempos.

Melhor jogador do mundo em três temporadas, a primeira com apenas 20 anos, maior artilheiro na história das Copas do Mundo, campeão em todos os clubes em que jogou, menos no Milan, onde esteve muito pouco, artilheiro nacional na Holanda, na Itália e na Espanha, apelidado pelos exigentes jornalistas italianos de Fenômeno, chamado de extraterrestre na Espanha... Isso tudo já explica a presença de Ronaldo entre os maiores atacantes do futebol mundial em todos os tempos.

Não bastasse isso tudo, a carreira do atacante tem uma dose de dramaticidade poucas vezes vista, como contusões delicadas que o deixaram afastado dos gramados durante mais de três anos (somados os períodos).

Para um observador mais atento, no entanto, o que chama a atenção mesmo são a velocidade e a intensidade dos acontecimentos na vida de Ronaldo: com 16 anos jogava pelo São Cristóvão na segunda divisão do Campeonato Carioca e pouco mais de um ano depois já era convocado para a seleção brasileira. Aos 17, integrou o grupo brasileiro campeão do mundo na Copa dos Estados Unidos e aos 20 foi eleito como melhor jogador do mundo pela Fifa e era a estrela máxima do futebol mundial, atuando no poderoso Barcelona. Foi dado como inutilizado para o futebol em pelo menos três oportunidades. Surpreendeu sempre, voltando e jogando em alto nível.

Infância no subúrbio

Bento Ribeiro, na zona norte do Rio de Janeiro, era um subúrbio com características rurais. Foi ali que nasceu Ronaldo Nazário de Lima, em setembro de 1976. Nasceu, na verdade, no dia 18, mas a certidão de nascimento registra a data de 22. A explicação é simples: o pai, Nélio, perdeu o prazo para registro e para não pagar a multa imposta pelo cartório, mentiu sobre a data. Por isso mesmo, em todos os registros, inclusive no site oficial do jogador, aparece 22 de setembro. A história está contada no livro *Ronaldo – glória e drama no futebol globalizado*, de Jorge Caldeira.

Ronaldo foi precoce em andar e sair correndo pela casa da família humilde, driblando a marcação vigilante de dona Sônia. Mas demorou muito a falar, só por volta dos 4 anos de idade. Quando pequeno, só assistia às peladas dos mais velhos. Nessa época era chamado de Dadado, apelido colocado involuntariamente pelo irmão mais velho, Nélio, que não conseguia pronunciar corretamente o nome do caçula.

Quando estava com 5, 6 anos, Ronaldo começou a disputar os jogos com a garotada de sua idade. Aos poucos foi se destacando, driblando e fazendo gols – sempre sem muita firula, finalizando da maneira mais simples possível, marca que carregaria pelo resto da vida. O primeiro contato com uma equipe mais organizada só aconteceu em 1986, quando a fama de bom jogador nas peladas começava a crescer e ultrapassou os limites do bairro. Chegou a Valqueire, localidade vizinha e dali partiu um convite para que ele se tornasse sócio atleta do Valqueire Tênis Clube, que mantinha uma equipe de futebol de salão na disputa do Campeonato Mirim da Federação Carioca.

Goleada no Vasco

No entanto, a única vaga disponível na equipe titular era no gol. O time perdia para quase todos os adversários e alojou-se na última posição da classificação no meio da competição. Foi aí que o técnico Marquinho resolveu colocar o goleiro no ataque. Veio o jogo contra o líder do campeonato, o poderoso Vasco da Gama. O adversário logo marcou 2 a 0. Mas no segundo tempo, Ronaldo se encarregou de mudar a história da partida e a sua própria história: marcou quatro gols, deu passe para mais um e o lanterninha goleou o líder por 5 a 2.

Assistindo ao jogo estava Fernando dos Santos Carvalho, mais conhecido como Fernando Gordo. Encantado com o futebol daquele garoto dentuço percebeu que poderia levá-lo para voos mais ousados. Mas isso só aconteceria no ano seguinte, 1987. Os pais de Ronaldo se separaram, ele mudou de escola e a mãe, dona Sônia, voltou a trabalhar fora de casa. Fernando Gordo, que havia assumido a supervisão do futebol do Social Ramos, outro clube da região, resolveu investir em Ronaldo como reforço, mas só conseguiu a permissão de dona Sônia com a garantia de que o próprio Fernando fiscalizasse os estudos do garoto, que tinha obrigação de continuar passando de ano.

No primeiro ano pelo Social Ramos, disputou o Campeonato Metropolitano, que reunia os principais times do Grande Rio. Fisicamente era maior e mais forte que a maioria dos garotos da sua idade. Aliando essa força à habilidade técnica, fez nada menos do que 166 gols – chegou a marcar 11 gols numa mesma partida, contra o Municipal. Ganhando fama de bom jogador entre os garotos do futebol de salão, Ronaldo passou a sonhar com uma carreira profissional, até como forma de acabar com as dificuldades financeiras da família.

Em 1989, pouco antes de completar 13 anos, Ronaldo resolveu colocar seu plano em prática e fez o que pôde até conseguir o dinheiro das passagens de ônibus para participar de uma peneira no Flamengo, na sede do bairro da Gávea. Eram mais de 400 garotos. Ronaldo conseguiu passar no primeiro teste e ficou eufórico ao receber uma carteirinha do clube. Mas para pertencer de fato às categorias de base do clube, teria de voltar no dia seguinte, para uma outra avaliação. Essa segunda informação acabou com o sonho de Ronaldo, porque ele não tinha o dinheiro para as conduções, tentou de todas as maneiras ajuda do clube, de amigos, mas teve de abrir mão da possibilidade de ser jogador do Flamengo.

Consolo no São Cristóvão

De volta ao futebol de salão do Social Ramos, Ronaldo continuou comandando a equipe que passou a ser a sensação das competições. Já estava havia mais de um ano sem perder uma partida quando surgiu a parceira com o time profissional de campo do

São Cristóvão, na disputa do Campeonato Carioca da segunda divisão. Alírio Carvalho, diretor do Social, recebeu uma proposta de emprestar os garotos para o São Cristóvão. Logo no primeiro jogo do time, contra o Tomazinho, em agosto de 1991, uma goleada de 5 a 1 – e o atacante, que completaria 15 anos pouco mais de um mês depois, fez três gols. No entanto, num time que mais perdia do que vencia até mesmo Ronaldo tinha dificuldades para se sobressair. A menos que o olhar fosse clínico para perceber o talento de goleador que trazia aquele garoto.

Esse olhar foi de um campeão do mundo: Jairzinho, apelidado Furacão da Copa pelo desempenho na seleção brasileira de 1970, na Copa do México – foi o artilheiro da seleção, fazendo gols em todos os jogos. Quando ele passou a responder pelo futebol profissional do São Cristóvão, logo viu que o clube tinha ali um craque em potencial. Jair também já era um investidor, através de sua empresa de promoções. E resolveu se associar ao São Cristóvão para que eles não perdessem Ronaldo rapidamente para um clube maior – e, se o perdessem, que fosse para ganhar algum dinheiro.

A Furacão Empreendimentos tinha como sócio majoritário Reinaldo Pitta. Os dois resolveram adquirir o passe de Ronaldo e cedê-lo ao São Cristóvão – foram pagos 7.500 dólares. Reinaldo chamou para se associar à empreitada um antigo amigo egresso da carreira bancária como ele, Alexandre Martins. Com isso, a Furacão Empreendimentos passou a ser dona do passe do atacante, que por sua vez assinou um contrato considerado leonino com os dois empresários, aos quais pagaria 10% de tudo o que ganhasse com o futebol por um prazo de dez anos.

Com a camisa da seleção

O contrato foi assinado em 7 de junho de 1992, meses antes de Ronaldo completar 16 anos. E a primeira vantagem foi para a família: para facilitar a vida do novo profissional, os empresários alugaram uma casa e arrumaram um emprego para dona Sônia em São Cristóvão, próximo ao clube. O próprio Ronaldo passou a trabalhar numa farmácia das proximidades, como forma de preencher o tempo livre entre treinos e jogos.

Enquanto Alexandre Martins e Reinaldo Pitta iniciaram um trabalho para tentar encaixar Ronaldo em algum grande clube, Jairzinho buscou outro caminho: usou a sua influência para que os responsáveis pelas categorias de base de Confederação Brasileira de Futebol (cbf) observassem jogos do São Cristóvão. E a estratégia foi eficiente: no final daquele mesmo ano (1992), Ronaldo foi convocado para a seleção brasileira sub-17 que disputaria o Campeonato Sul-americano. Durante os treinos em Teresópolis, na Granja Comary, Ronaldo teve que fazer algumas partidas pelo São Cristóvão – contra o Barra Mansa, em dezembro de 1992, fez seu último jogo pelo clube. Foram 44 gols em 73 partidas.

No começo de 1993, fez seus primeiros jogos pela seleção brasileira e disputou a competição continental: o Brasil não foi campeão e sequer conseguiu uma vaga para o Mundial da categoria, mas Ronaldo terminou como artilheiro do torneio, com oito gols em sete jogos. Com o sucesso, os empresários trataram de negociá-lo. A primeira tentativa foi o São Paulo, melhor time brasileiro naquele momento, mas o técnico Telê Santana estava em férias na Europa, não houve avanço nos contatos. A tentativa seguinte foi bem-sucedida: por vinte mil dólares, o Cruzeiro comprou o equivalente a 55% do passe de Ronaldo, em fevereiro de 1993. Foi a maneira que Reinaldo Pitta e Alexandre Martins encontraram para comprar as porcentagens que ainda estavam nas mãos de Jairzinho e de outro empresário, Léo Rabelo. Jairzinho até hoje se diz magoado com a manobra, considerando-se enganado.

Ascensão rápida no Cruzeiro

Ronaldo integrou-se ao juvenil do Cruzeiro e passou a morar no alojamento dos amadores. Logo no primeiro jogo pela equipe no Campeonato Mineiro, fez quatro gols nos 7 a 0 sobre o Oliveira. Na segunda partida, fez mais dois contra o Matozinhos. Na sequência, mais uma vez foi convocado para a seleção brasileira da categoria, para um torneio em San Marino. Ronaldo não foi o artilheiro, mas o Brasil ficou com o título. Na volta a Belo Horizonte, sua carreira na equipe juvenil estava encerrada: os dirigentes o promoveram para o time junior (sub-20), acreditando que o talento dele estava acima dos garotos da sua idade.

E sua estreia na nova categoria foi justamente no clássico contra o Atlético-MG: vitória do Cruzeiro, 1 a 0, gol de Ronaldo. Depois de cinco partidas na equipe, Ronaldo já liderava a artilharia do Mineiro, com sete gols. O suficiente para que o técnico Pinheiro, da equipe profissional, o convocasse para integrar, como titular, um time misto que jogaria contra a Caldense, em Poços de Caldas, pelo Campeonato Mineiro. Com menos de três meses de Cruzeiro, aos 16 anos, Ronaldo estreou no time profissional – não fez gol na vitória de 1 a 0, mas foi muito elogiado pelos jornalistas que acompanharam a partida. Foram dois jogos no juvenil, mais cinco no júnior e 12 gols marcados.

Titular no profissional

No segundo semestre de 1993, o técnico do Cruzeiro era Carlos Alberto Silva, incumbido pela diretoria de promover uma renovação radical na equipe. Ronaldo, de alternativa para o time misto, passou a ser a esperança da equipe principal. E assim ele iniciou a disputa do Campeonato Brasileiro. Mas o rendimento do Cruzeiro ainda era sofrível, irregular. O primeiro gol do jovem atacante na equipe profissional aconteceu numa vitória sobre o Bahia (3 a 1) – ele fez o terceiro, no finalzinho da partida.

Foi artilheiro da Supercopa dos Campeões da Libertadores com oito gols em quatro jogos. Fez gols na Recopa Sul-americana e no Campeonato Brasileiro. Tinha apenas quatro ou cinco meses de clube, passando rapidamente pelo juvenil e pelo júnior, e já era peça fundamental na equipe profissional. Um dos grandes momentos aconteceu no Mineirão num jogo contra o Bahia, no dia 7 de novembro de 1993. O Cruzeiro goleou por 6 a o e Ronaldo marcou cinco vezes – uma delas de maneira antológica. Rodolfo Rodriguez, goleiro uruguaio, estava de costas para o campo depois de uma defesa, abandonou a bola à frente do corpo. Ronaldo foi rápido e esperto para perceber, roubar a bola e fazer o gol.

Ronaldo tinha feito 23 jogos pelo profissional do Cruzeiro e marcado 21 gols quando foi convocado por Carlos Alberto Parreira para a seleção brasileira principal, recém-classificada para o Mundial dos Estados Unidos, que seria disputado no ano seguinte. Nos amistosos contra Alemanha e México, ficou na reserva, não jogou. Mas a convocação bastou para que o Cruzeiro recebesse sondagens de clubes da Europa – o Milan e clubes alemães mandaram representantes ao Brasil e o Porto foi mais explícito, oferecendo três milhões de dólares. O clube mineiro resolveu fixar o passe em dez milhões de dólares.

Campeão e artilheiro

No primeiro semestre de 1994, o Cruzeiro ganhou o Campeonato Mineiro sem perder nenhuma partida e Ronaldo foi o artilheiro da competição com 22 gols (só disputou 18 partidas). Na Libertadores da América, a equipe foi muito mal e acabou eliminada ainda na primeira fase. Em março, voltou a ser chamado por Parreira para a seleção, que fazia ajustes finais para a Copa. Ficou no banco contra a Argentina, em Recife, e entrou no finalzinho, quando o placar de 2 a o já havia sido construído. Na última partida de preparação, Romário e Bebeto, os titulares do ataque, não foram liberados por Barcelona e La Coruña, seus clubes na Espanha. Parreira teve de escalar a dupla reserva, Viola e Ronaldo, contra a Islândia.

Ronaldo marcou o seu primeiro gol pela seleção brasileira principal, aos 31 minutos do primeiro tempo: ele iniciou a jogada, Mazinho finalizou e, no rebote do goleiro, Ronaldo estava lá para marcar. Ainda no primeiro tempo, sofreu pênalti, que Zinho cobrou para marcar. No segundo tempo, mandou uma bola na trave e fez a jogada que redundou no gol de Viola. Garantiu ali a sua presença no grupo de jogadores que viajaram pouco depois para os Estados Unidos. Foi o terceiro brasileiro na história a ir para um Mundial com menos de 18 anos: Pelé tinha 17 em 1958 e Edu, ponta-esquerda do Santos, estava com 16 ao jogar na Inglaterra, em 1966.

No momento da convocação final para a Copa, Ronaldo foi negociado pelo Cruzeiro e por seus empresários com o PSV da Holanda, por 6 milhões de dólares. Resumindo: em apenas dois anos, seu passe passou de 7.500 dólares pagos ao São Cristóvão, para seis milhões de dólares desembolsados pelo clube de Eindhoven.

Mas Ronaldo não teve o gostinho de participar de nenhuma partida da Copa do Mundo dos Estados Unidos, vencida pelo Brasil. O técnico Carlos Alberto Parreira avalia que ele ficou deslumbrado com o fato de estar ao lado de ídolos como Bebeto e Romário. Essa Copa do Mundo serviu para que Ronaldo passasse a ser chamado de Ronaldinho, por causa da presença do zagueiro Ronaldo, que a imprensa apelidou de Ronaldão.

Goleador na Holanda

Segundo informações da época, havia um clube italiano disposto a pagar bem mais pelo futebol de Ronaldo (dez milhões de dólares), mas a opção pela Holanda levava em conta a estrutura do clube e, principalmente, a menor dificuldade que o garoto certamente encontraria no campeonato nacional – a dica havia sido dada por Romário, na concentração da Copa do Mundo, já que ele próprio havia sido jogador do PSV até 1992.

Logo na estreia, dez dias depois de desembarcar em Eindhoven, Ronaldo fez um gol na vitória sobre o Vitesse. Poucos dias mais e uma partida internacional contra o Bayer Leverkusen – derrota de 5 a 4, mas Ronaldo marcou três gols.

A passagem pela Holanda durou duas temporadas (1994-1995 e 1995-1996): foram 66 gols marcados em 71 jogos (média de 0,92 gol por jogo). Foi o artilheiro do Campeonato Holandês (30 gols), além de conquistar a Copa da Holanda, na temporada 1995-96 – no campeonato nacional, ficou em terceiro lugar.

Depois da Copa dos Estados Unidos, esteve regularmente nas listas de convocação da seleção brasileira – foi titular num torneio conquistado na Inglaterra, em junho de 1995, a Copa Umbro, reunindo, além dos ingleses, Suécia e Japão. Mas depois ficou na reserva na Copa América jogada no mês seguinte, no Uruguai. O Brasil perdeu o título para os donos da casa, na disputa por pênaltis.

De volta à Holanda, para a segunda temporada no PSV, Ronaldo manteve a excepcional média de gols na primeira metade da temporada – foram 10 em 11 jogos no Campeonato Holandês. Mesmo assim, o jogador apresentava um incômodo no joelho direito, que se agravou no início de 1996.

Cirurgia e transferência

Em março de 1996, Ronaldo foi submetido a uma cirurgia no joelho direito para corrigir problemas surgidos em razão da carga de exercícios musculares, quando ainda estava em fase de crescimento (só na Holanda, em pouco mais de um ano, cresceu 4 cm e ganhou 7 kg de massa muscular). Praticamente ficou fora do restante da temporada, no primeiro semestre de 1996, recuperando-se da cirurgia e ainda sofrendo com um deslocamento no ombro, sofrido na partida em que voltava ao time. Durante a recuperação, o fisioterapeuta Nilton Petrone, o Filé, descobriu que o atacante possuía um grande desequilíbrio muscular nas pernas, levando a uma sobrecarga sobre o tendão patelar. Fez um trabalho especial e elaborou uma lista de exercícios que Ronaldo deveria realizar todos os dias para evitar problemas futuros.

No entanto, nesse período, aproveitando-se da nova fase que vivia o futebol europeu com o final da Lei do Passe, os empresários do jogador faziam uma campanha ofensiva para conseguir transferência para um centro mais importante na Europa. Iniciada uma negociação com o Barcelona, criou-se um clima ruim para Ronaldo no PSV e até na reserva ele foi colocado como represália. Quando Ronaldo veio ao Brasil para a convocação dos Jogos Olímpicos de Atlanta, fez declarações dizendo que não voltaria a jogar pelo clube holandês. Poucas semanas depois, por vinte milhões de dólares (a maior transação da história até aquele momento), foi sacramentada a sua mudança para a Espanha.

Em Atlanta, o Brasil passou pela primeira fase depois de perder para o Japão (1 a 0) e derrotar Hungria (3 a 1) e Nigéria (1 a 0). Nas quartas de final, vitória sobre Gana (4 a 2). Nas semifinais, a equipe perdeu para a Nigéria (4 a 3, na prorrogação). Contra os africanos, o Brasil vencia por 3 a 1 até os 30 minutos do segundo tempo, quando Zagallo resolveu tirar Ronaldo, pois a vitória parecia garantida. Os nigerianos ganharam motivação extra, foram para cima do Brasil, empataram o jogo e conseguiram a classificação na prorrogação. A seleção brasileira foi para a disputa da medalha de bronze contra Portugal (vitória de 5 a 0). Ronaldo foi vice-artilheiro, com cinco gols, atrás do também brasileiro Bebeto, que fez seis.

Temporada espanhola

Faltava ainda um mês para Ronaldo completar 20 anos quando chegou ao time do Barcelona. E levou apenas uma semana para ganhar a primeira taça: a Supercopa da Espanha, que reúne o campeão espanhol e o campeão da Copa do Rei (torneio eliminatório similar à Copa do Brasil) da temporada anterior. O atacante brasileiro fez seus dois primeiros gols na vitória sobre o Athletic Bilbao. No dia em que completou 20 anos, fez os primeiros gols no Camp Nou, o estádio do Barcelona, completamente lotado – vitória de 3 a 2 sobre a Real Sociedad.

Em outubro, alguns dias antes de completar dois meses de clube, Ronaldo fez uma das partidas mais espetaculares da sua carreira e marcou aquele que é apontado pela maioria como o gol mais sensacional de seu repertório. Foi no dia 12, na cidade de Santiago de Compostela, contra a equipe local, pelo Campeonato Espanhol. No segundo tempo, pegou a bola no próprio campo, arrancou para a área adversária, foi driblando, deixou cinco adversários para trás e bateu no canto. O suficiente para que as manchetes dos jornais do dia seguinte só falassem daquele momento.

"Um extraterrestre em Santiago" escreveu o jornal *El Pais*. "É o melhor do momento", declarou Pelé. "É, indiscutivelmente, o melhor atacante do mundo hoje", disse Tostão. "Um gênio" foi a manchete do diário *Marca*. Pizzi, que atuava com ele no Barcelona, resumiu bem: "Eu jogo futebol. O que o Ronaldo faz é outra coisa".

O Barcelona perdeu o título para o Real Madrid por dois pontos, mas o brasileiro terminou a competição como artilheiro: 34 gols.

Melhor do mundo

No final de 1996, o nome de Ronaldo foi incluído entre os finalistas ao prêmio da Fifa de melhor jogador do ano. A confirmação aconteceu em 20 de janeiro de 1997, durante a festa anual da entidade. Pela primeira vez ganhava o troféu. Tinha 20 anos e quatro meses de idade. Todo esse sucesso provocara ciúmes no elenco do Barcelona e os jornais espanhóis falavam abertamente em boicote a Ronaldo, além de diversos atritos terem acontecido com a própria diretoria do clube.

É preciso lembrar que o futebol vivia um novo momento, sem o passe, mas os contratos previam multas de rescisão. Que nem eram muito elevadas. Por isso mesmo, embora estivesse havia tão pouco tempo no clube, muitos interessados começaram a se manifestar, alguns publicamente – que levou a diretoria do Barcelona e os procuradores de Ronaldo a iniciarem uma negociação para elevar salários e multa de rescisão. Mas diante da demora dos espanhóis em definirem um novo contrato, Reinaldo Pitta e Alexandre Martins passaram a trabalhar com a possibilidade de uma transferência.

Mesmo com a crise, com boicote, com a agenda cada vez mais lotada por compromissos comerciais, Ronaldo seguia fazendo os seus gols. O Barcelona, naquela temporada, ganhou ainda a Copa do Rei, com o brasileiro fazendo gols decisivos, embora não tenha participado da partida final contra o Sevilha. E levou também o título da Recopa Europeia, derrotando o Paris Saint-Germain na decisão (1 a 0, gol de Ronaldo).

No entanto, quando o Barcelona acordou e tentou um novo acerto com o atacante, já era tarde. As transações estavam muito avançadas com Lazio e Inter, ambos da Itália. Não só salários melhores, mas condições de negociar direitos de imagem, agenda, folgas. Tudo o que o Barcelona relutou em aceitar. A Inter de Milão foi o clube que ganhou a concorrência e depositou a multa relativa à rescisão do contrato (32 milhões de dólares).

Itália: marcação cerrada

Desde os primeiros momentos no novo clube, Ronaldo percebeu que seria muito mais complicado enfrentar as marcações italianas. Muito mais fortes e violentas do que as que ele tivera pela frente na Holanda e na Espanha. Mesmo assim, não demorou a fazer gols e atuar bem em embates da Inter no campeonato italiano, na Copa da Itália e na Copa da Uefa. Mais ou menos dois meses depois de estrear com a camisa da equipe de Milão, começaram a aparecer na imprensa do país citações daquele que seria um apelido incorporado dali em diante: "*Il Fenômeno*".

Na metade da temporada, no final de 1997, continuava como o grande futebolista do planeta, tanto que recebeu a Bola de Ouro, prêmio oferecido pela revista francesa *France Football*, no qual votam os jornalistas – ele foi o primeiro estrangeiro a conseguir uma diferença de quatro vezes mais votos do que o segundo colocado. Além disso, foi incluído mais uma vez na lista de finalistas aos melhores do ano pela Fifa – e ganhou de novo. O primeiro a ganhar duas vezes seguidas – feito só repetido pelo xará Ronaldinho Gaúcho.

Ronaldo terminou a sua primeira temporada na Itália com 25 gols marcados em 32 partidas, dois a menos do que o alemão Bierhoff, da Udinese. Na história, foi o estrangeiro a fazer mais gols na primeira temporada na Itália, e o maior goleador da Inter em uma temporada desde os anos 1950. Ao todo, foram 44 jogos e 34 gols no primeiro ano. Incluindo uma grande exibição (e um gol), na final da Copa da Uefa, vencida por 3 a 0 diante do Lazio, em Paris. No Campeonato Italiano, a

Inter terminou no segundo lugar, atrás da Juventus, e reclamando muito da arbitragem em partidas decisivas contra Milan e Juventus.

Na seleção brasileira, Ronaldo seguia como titular e principal figura. O Brasil não precisou disputar as Eliminatórias sul-americanas, porque como campeão tinha vaga garantida para o Mundial da França, que aconteceria um ano depois. Em junho de 1997, a equipe nacional conquistou a Copa América, disputada na Bolívia. Ronaldo foi o vice-artilheiro da competição, com cinco gols, um a menos que Hernandez, do México. Fixava-se ali uma dupla ofensiva com Romário, que voltava à seleção, ausente desde a Copa de 1994. E com a dupla, pela primeira vez na história, o Brasil conquistou o título sul-americano atuando fora do país – e sem perder nenhum jogo. Nos seis primeiros jogos como titulares do ataque brasileiro, os dois marcaram 12 dos 19 gols da seleção.

No final de 1997, a seleção disputou a Copa das Confederações, na Arábia Saudita: sete gols de Romário e quatro de Ronaldo nos 14 marcados pelo Brasil, que conquistou mais um título invicto.

Estrela maior na França

Ronaldo não participou da Copa Ouro, nos Estados Unidos, no começo de 1998 e jogou os dois únicos amistosos de preparação para o Mundial da França: vitória sobre a Alemanha (2 a 1, fez um gol) e derrota para a Argentina (1 a 0). Chegou à França como a grande estrela do planeta, havia sido eleito o melhor jogador do mundo nos dois anos anteriores, era o mais bem pago, tinha os principais contratos publicitários e vinha de grandes temporadas por seus clubes na Holanda, Espanha e Itália, conquistando títulos em quase todos os anos e em todos os clubes desde que deixou o São Cristóvão.

A velocidade dos acontecimentos na carreira de Ronaldo era tanta que é preciso lembrar: ele estava próximo de completar apenas 22 anos e tinha saído do São Cristóvão havia pouco mais de cinco anos.

Nos 12 meses anteriores à Copa do Mundo, Romário tinha tido participação direta na fixação de Ronaldo no time titular da seleção. A dupla se entendia muito bem e vinha sendo responsável pela maioria dos gols da equipe. Mas na véspera da competição, Romário foi cortado do grupo, por causa de uma contusão muscular. Bebeto passou a ser o companheiro de ataque de Ronaldo. Na estreia, vitória apertada de 2 a 1 sobre a Escócia. Depois do jogo, Ronaldo começou a sentir dores no joelho direito, que havia operado dois anos antes, na Holanda. O médico da seleção, Lídio Toledo, garantiu que o problema era leve.

No segundo jogo, Ronaldo fez o seu primeiro gol em Copa, nos 3 a 0 sobre Marrocos – ainda deu passe para Bebeto marcar outro. Classificado, o Brasil encerrou a primeira fase com derrota para a Noruega (2 a 1). Nos confrontos eliminatórios, o primeiro adversário foi o Chile – o Brasil goleou por 4 a 1 e Ronaldo marcou duas vezes e mandou duas bolas na trave. Antes do jogo das quartas de final, as dores no joelho cresceram, ele passou a treinar separadamente, de maneira mais leve. Contra a Dinamarca, outra vitória sofrida (2 a 1). Na semifinal, o Brasil teve pela frente a Holanda: Ronaldo fez para o Brasil e Kluivert para a Holanda. Depois da prorrogação sem gols, a seleção brasileira passou à final ao vencer a disputa por pênaltis.

A decisão do Mundial foi justamente contra a anfitriã França, liderada por Zinedine Zidane, à época jogador da Juventus da Itália, que acabara de conquistar o título italiano sobre a Inter de Ronaldo.

Convulsão antes da final?

A final entre França e Brasil foi disputada na noite de 12 de julho. Depois do almoço, na concentração, Ronaldo foi para o quarto que dividia com Roberto Carlos, deitou e dormiu. No meio da tarde, teve uma crise: musculatura contraída, saliva grossa saindo da boca, olhos revirados. Foram 15, 20 minutos de confusão, tensão e desinformação no hotel em que estava a equipe nacional. Depois, sono profundo. Ronaldo acordou sem lembrar de nada – só depois do lanche que fez ao lado dos demais jogadores é que foi informado do ocorrido pelo médico clínico Joaquim da Matta. O médico lhe disse que ele tinha tido uma convulsão e orientou-o a ir a um hospital fazer exames.

Naquele primeiro momento e nos meses seguintes, o consenso era que Ronaldo havia sofrido mesmo uma convulsão, até porque na entrevista coletiva no dia seguinte ao jogo, o médico Lídio de Toledo reafirmou a informação e Ronaldo a assumiu como verdadeira. No entanto, o fato de ter dormido como se nada houvesse acontecido, após a crise, levou a outra hipótese, detalhada por Jorge Caldeira no livro *Ronaldo – glória e drama no futebol globalizado*. Ele teria sofrido, na verdade, um distúrbio de sono (parassônia), pois tinha histórico: vários episódios de sonambulismo na infância e adolescência.

Enquanto a delegação partia para o Stade de France, em Saint-Dennis, subúrbio de Paris, o atacante foi para uma clínica particular, realizar uma bateria de testes. Uma hora antes da partida, como obriga a regulamentação da Fifa, os técnicos tiveram de divulgar as escalações para o jogo – e como Ronaldo ainda estivesse na clínica, Zagallo colocou Edmundo na equipe titular. Os exames, no entanto, descartaram o diagnóstico de convulsão. Logo depois, Ronaldo chegou ao estádio e disse que estava em condições de atuar. O técnico consultou Lídio Toledo, que tinha conversado com Joaquim da Matta, e os dois avalizaram a escalação.

Em campo, Ronaldo e a seleção brasileira jogaram mal. A França dominou completamente a partida e venceu por 3 a 0 (dois gols de Zidane) conquistando pela primeira vez um Mundial. Foi a pior derrota da seleção brasileira na história das Copas (três gols de diferença). Apesar dos acontecimentos no dia da final, da derrota e dos dois gols de Zidane, Ronaldo foi eleito o melhor jogador do Mundial – os votos dos jornalistas foram entregues na véspera.

Joelho volta a incomodar

Ídolo máximo até o dia da final da Copa da França, Ronaldo foi acusado de ter amarelado nos meses que se seguiram à perda do título. Em baixa por aqui, depois das férias reapresentou-se a Inter de Milão e voltou aos treinos. E voltou também a sentir dores no joelho direito, cada vez mais fortes. O primeiro movimento do clube foi poupá-lo e não escalar Ronaldo em todas as partidas, às vezes só entrando no segundo tempo. Além do Campeonato Italiano, a equipe disputava a primeira fase da Copa dos Campeões da Europa. Preocupado com o desempenho do time, que sempre caía muito sem o atacante brasileiro, o presidente da Inter, Massimo Moratti, resolveu contratar o fisioterapeuta Nilton Petrone, o Filé, que havia trabalhado com Ronaldo após a cirurgia realizada na Holanda, pouco mais de dois anos antes.

Mais uma vez o tratamento realizado foi para diminuir o desequilíbrio muscular que sobrecarregava o tendão patelar e provocava as dores. Praticamente sem jogar no campeonato nacional, Ronaldo foi decisivo nas partidas que classificaram a equipe italiana para a segunda fase da competição europeia. No final de 1998 e no começo de 1999, Ronaldo pouco entrou em campo, viu a Inter ser eliminada da Copa dos Campeões e da Copa da Itália. Os médicos chegaram a pensar em cirurgia para resolver o problema do joelho, mas preferiram o procedimento mais conservador da fisioterapia, inclusive com uma temporada de algumas semanas no Rio de Janeiro.

Somente em abril de 1999, já no final da temporada, as dores diminuíram e Ronaldo conseguiu atuar com mais constância – fez oito partidas seguidas, marcou sete gols, mas a Inter terminou em nono no Campeonato Italiano.

Cirurgias e longa ausência

No meio de 1999, juntou-se à seleção brasileira para a disputa da Copa América, no Paraguai. E teve um ótimo desempenho, conquistando o título e sendo o artilheiro da competição. Foi ali que ele deixou de ser Ronaldinho para virar Ronaldo – por conta de outro xará. Ronaldinho Gaúcho, à época chamado só de Ronaldo, fez a sua estreia na seleção. O time era dirigido por Wanderley Luxemburgo e Ronaldo voltava a vestir a camisa da seleção brasileira pela primeira vez desde a Copa do Mundo do ano anterior.

De volta à Itália, o clima na Inter já não era tão amistoso. Agora enfrentaria a concorrência de Vieri no ataque e a disciplina mais rígida do técnico Marcelo Lippi. Ficou no banco nos primeiros jogos da temporada. Aos poucos foi ganhando uma vaga de titular e conseguiu formar uma boa dupla com Vieri, até o dia 21 de novembro de 1999: a Inter vencia o lanterninha Lecce por 4 a o e Ronaldo havia marcado o quarto gol, de pênalti. Mas ao correr em direção à bola, pisou num buraco, torceu o joelho direito e saiu de campo chorando, com uma grave lesão. Diagnóstico: contusão séria no tendão patelar, o mesmo sobrecarregado nos anos anteriores.

Ronaldo foi operado em Paris, pelo médico Gérard Saillant, com previsão de retorno para apenas seis meses depois. O trabalho com Filé e a obstinação de Ronaldo, reduziram o prazo para menos de cinco meses. O jogador estava casado com Milene Domingues, grávida naquele período. Eram sete, oito horas diárias de exercícios para poder voltar a jogar futebol.

E o retorno aconteceu em Roma, no Estádio Olímpico, em 12 de abril de 2000. Cinco dias antes, havia nascido Ronald, primeiro filho do Fenômeno. O jogo contra o Lazio valia pela Copa da Itália. Ronaldo ficou no banco e entrou em campo apenas aos 12 minutos do segundo tempo. Sete minutos depois, ao tentar um drible, caiu sozinho, gritando de dor: o tendão patelar, desta vez, tinha rompido inteiramente. Ronaldo saiu de campo de maca, chorando muito, mal conseguindo ouvir as duas torcidas gritarem o seu nome.

De volta a Paris

Mais uma vez o atacante brasileiro teve que ser operado do joelho direito, com o mesmo Gérard Saillant. Uma cirurgia bem mais complicada do que a primeira. Desta vez, inclusive, havia dúvidas se Ronaldo poderia voltar a jogar futebol. De volta à dura rotina de exercícios de fisioterapia, precisou de mais oito meses de recuperação até conseguir realizar o primeiro treino físico leve, pouco antes do Natal de 2000. O plano era conseguir jogar algumas partidas pela Inter no primeiro semestre de 2001. Voltou para a Itália, mas como era final de temporada, participou de treinos, coletivos e rachões na equipe que estava prestes a entrar em férias.

Para o início da temporada seguinte, Ronaldo estava integrado ao grupo e, apesar de enfrentar dores musculares no começo da preparação, voltou a jogar no dia 18 de agosto de 2001 e fez um gol contra o Enymba, campeão da Nigéria, num amistoso de preparação. Foram 21 meses sem jogar, desde a primeira cirurgia. O argentino Hector Cuper, que dirigia a Inter à época, começou a utilizar Ronaldo em poucos minutos nos jogos, dizendo-se cuidadoso com a recuperação. Por sua vez, Luiz Felipe Scolari, técnico da seleção brasileira, tinha pressa, queria que Ronaldo o ajudasse na complicada situação em que se encontrava nas Eliminatórias para a Copa de 2002.

Felipão chegou a convocar o Ronaldo para um jogo decisivo contra o Chile, mas na véspera de embarcar para o Brasil, o atacante teve uma contusão muscular numa partida do Campeonato Italiano. Ficava no banco ou entrava a dez minutos do jogo acabar. Somente no final do ano começou como titular em uma partida, e fez gol, o primeiro no Italiano em dois anos e meio. Na semana seguinte atuou os 90 minutos. De novo voltou a sofrer uma contusão muscular.

No começo de 2002 mais uma vez estava no banco de reservas do clube, chegou a ser chamado para um amistoso da seleção brasileira na Arábia Saudita, mas sentiu dores musculares e a Inter o afastou de novo dos treinos.

Aposta de Felipão

Nos primeiros meses de 2002, a imprensa brasileira debatia sobre a convocação ou não de Romário para a seleção que disputaria a Copa da Ásia. Ronaldo, por sua vez, nem para o banco era convocado na maioria das partidas da Inter. Luiz Felipe Scolari, que já havia descartado Romário (embora poucos soubessem disso), trabalhava para ter Ronaldo. Por isso, pediu que ele viesse passar um mês no Brasil – com o que a Inter concordou, já que não estava utilizando o jogador. Ele foi avaliado e fez um trabalho de preparação física e alimentação balanceada. E foi convocado para o jogo que a seleção realizou no dia 27 de março contra a Iugoslávia. Jogou 45 minutos, chutou uma bola na trave e deu os primeiros sinais de que a aposta de Scolari estava valendo à pena. No mês seguinte, o último amistoso do Brasil antes da Copa, contra Portugal, atuou pela primeira vez ao lado de Rivaldo e Ronaldinho Gaúcho, no esboço do que pretendia Luiz Felipe para a Copa.

Depois de voltar à seleção, passou a ser mais aproveitado pela Inter na Itália, mas o clube acabou perdendo o título nas últimas rodadas.

O time do Brasil viajou para a Ásia desacreditado, mas com esperanças em Ronaldo, mesmo ele tendo passado por duas cirurgias delicadas no joelho direito e jogado pouco nos dois anos anteriores.

Artilheiro e campeão do mundo

O Brasil estreou no Mundial contra a Turquia e saiu perdendo, mas Ronaldo empatou logo aos cinco minutos do segundo tempo. Rivaldo virou o placar e a seleção estreou com vitória. A equipe foi favorecida por um erro de arbitragem, que marcou pênalti numa falta cometida fora da área. Na segunda partida, goleada de 4 a 0 sobre a China (Ronaldo fez o quarto gol). Classificada para a fase seguinte, a seleção cumpriu tabela contra a Costa Rica e goleou por 5 a 2 (Ronaldo fez os dois primeiros do jogo). Nas oitavas de final, o Brasil teve dificuldades contra a Bélgica e chegou a ser ajudado mais de uma vez pela arbitragem. Mas venceu por 2 a 0 (o segundo foi de Ronaldo). O confronto mais difícil foi contra a Inglaterra e outra vez a seleção brasileira saiu perdendo. Empatou e ficou com dez jogadores, pois Ronaldinho Gaúcho foi expulso. Mas a seleção venceu por 2 a 1, de virada. Nas semifinais, vitória apertada sobre a Turquia, 1 a 0, gol de Ronaldo.

Na final contra a Alemanha, depois de um primeiro tempo equilibrado, o Brasil conseguiu a vitória com dois gols de Ronaldo, que terminava o Mundial como o artilheiro máximo (oito gols), apagando a má impressão deixada na final de quatro anos antes. Curiosamente, não foi eleito o melhor jogador da Copa, prêmio que coube ao goleiro alemão Oliver Kahn, que falhou no primeiro gol da final – como

OS 11 MAIORES CENTROAVANTES DO FUTEBOL BRASILEIRO

Desespero dos chineses tentando parar Ronaldo, em 2002: três vezes melhor do mundo.

havia acontecido com Ronaldo há quatro anos, a votação de Kahn foi sacramentada na véspera da decisão.

De volta para a Itália, o centroavante foi recebido com festa pela torcida da Inter, que passou a acreditar que agora ele seria o grande craque que o clube precisava para conquistar títulos na Itália e na Europa. Mas o tratamento dado pelo técnico Cuper na temporada anterior levou Ronaldo a forçar sua saída e a retornar para a Espanha.

Galático no Real Madrid

Ronaldo bem que tentou, mas o ex-clube Barcelona vivia uma crise financeira e não levou adiante a negociação. Ela acabou acontecendo justamente com o rival Real Madrid, que vivia a primeira fase dos Galáticos (já estavam lá Figo e Zidane, além de Raul e Roberto Carlos). O clube pagou 35 milhões de euros para ter o brasileiro – a torcida da Inter, revoltada, deu novo apelido para Ronaldo: "*Il Fuggitivo*". Ronaldo estreou contra o Alaves e fez logo dois gols na vitória de 4 a 2.

Na primeira temporada pelo Real, teve grandes atuações na Liga dos Campeões, principalmente uma contra o Manchester United – fez três gols na derrota de 3 a 4 que classificou a equipe. O Real foi eliminado na semifinal pela Juventus da Itália, mas conquistou a Liga Espanhola da temporada 2002-2003. Ronaldo foi o artilheiro da competição, com 25 gols. No final de 2002, ganhou novamente o prêmio de melhor jogador oferecido pela Fifa – é o único até hoje a ter conquistado o troféu em três ocasiões. Recebeu também, mais uma vez, a Bola de Ouro, prêmio da revista *France Football*. Naquele mesmo final de ano, ajudou o Real Madrid a conquistar o título do Mundial de Clubes, no Japão, ao derrotar o paraguaio Olímpia na final (2 a 0, primeiro gol de Ronaldo).

Na temporada seguinte (2003-2004), as coisas não funcionaram bem no Real Madrid, que tinha contratado outra estrela, o inglês David Beckham. O clube ficou apenas em quarto lugar no Campeonato Espanhol e foi eliminado precocemente tanto na Copa dos Campeões da Europa como na Copa do Rei. Ronaldo continuava sendo convocado regularmente para a seleção brasileira, que a partir de 2003 voltou a ter o comando de Carlos Alberto Parreira. Mas preferiu ficar de fora da Copa das Confederações (2003, na França) e da Copa Ouro (México) – a seleção perdeu os dois torneios.

Os Galáticos não se acertaram também na temporada 2004-2005 e não conseguiram conquistar nenhum título: no Campeonato Espanhol, segundo lugar, atrás do Barcelona, e Ronaldo foi o quarto na artilharia, com 21 gols; na Copa do Rei, eliminação nas oitavas de final, diante do Valladolid; e, na Copa dos Campeões da Europa, queda nas oitavas diante da Juventus.

Artilheiro das Copas

Na temporada 2005-2006, mais uma vez o Real Madrid ficou em segundo no Campeonato Espanhol e viu o

Barcelona comemorar outro título. Ronaldo fez apenas 14 gols na competição nacional (quinto lugar na artilharia). Na Copa do Rei, a equipe foi eliminada na semifinal pelo Zaragoza. Na Copa dos Campeões da Europa, mais um fracasso: eliminação para o Arsenal, da Inglaterra, novamente nas oitavas de final. Se no Real as coisas não se acertavam, na seleção não havia grandes problemas. Ronaldo foi o artilheiro das Eliminatórias para a Copa de 2006, disputadas entre 2003 e 2005, com 10 gols. Mas não esteve nas conquistas brasileiras da Copa América (2004, no Peru) e na Copa das Confederações (2005, na Alemanha).

O bom desempenho da seleção brasileira nas duas conquistas nos anos anteriores colocou o grupo como favorito para a Copa da Alemanha. Afinal, o time ainda seria reforçado por Ronaldo. No entanto, depois de sofrer com algumas contusões musculares nos meses que antecederam ao Mundial, Ronaldo apresentou-se completamente fora de forma. Especula-se que estaria com mais de 10 kg acima do peso. Mas não só ele tinha problemas físicos: Adriano seria outro fora de forma, com muitos quilos sobrando. Além disso, outros atletas também renderam muito abaixo das possibilidades, como Cafu, Roberto Carlos, Kaká e Ronaldinho Gaúcho. De favorito, o Brasil acabou eliminado pela França nas quartas de final.

Logo na estreia, o mau futebol da equipe deixaria claro que a competição não seria fácil: o Brasil derrotou a Croácia por 1 a 0, mas o futebol foi deplorável, principalmente a falta de mobilidade dos atacantes Adriano e Ronaldo e nenhuma criatividade de Kaká e Ronaldinho Gaúcho. No segundo jogo, vitória de 2 a 0 sobre a Austrália, sem convencer. Veio o jogo com o Japão e a seleção conseguiu golear por 4 a 1, com dois de Ronaldo. Curiosamente neste jogo alguns titulares estiveram fora, principalmente os dois laterais (Cafu e Roberto Carlos) o que deu mais movimentação ao time. Entretanto, o técnico Parreira preferiu manter a escalação original na partida seguinte, vitória de 3 a 0 sobre Gana – mais um gol de Ronaldo, que chegava a 15 marcados em três Copas do Mundo, recorde até hoje. Mas na partida seguinte, jogando novamente muito mal, o Brasil foi eliminado pela França.

De volta à Itália

Depois da Copa do Mundo de 2006, outra vez Ronaldo foi muito criticado e praticamente banido da seleção brasileira por causa do estado físico em que chegou à Alemanha – embora, mesmo assim, tenha feito três gols em cinco jogos e tenha sido o artilheiro do time. Ele, Roberto Carlos e Cafu foram praticamente apontados como responsáveis pela derrota. No segundo semestre daquele ano, ainda jogou algumas partidas pelo Real Madrid, mas também já não tinha muito clima por lá. No meio da temporada, em janeiro de 2007, voltou para a Itália, mais uma vez em Milão, porém, desta vez no Milan.

No Campeonato Italiano que estava em andamento, o Milan não tinha chances, pois havia sido punido na temporada anterior e começou o torneio com oito pontos negativos. Os esforços se concentraram na Copa dos Campeões da Europa, que o clube conquistou. Ronaldo não fez parte da disputa, porque antes de se transferir definitivamente havia atuado na competição pelo Real Madrid.

Em julho de 2007, logo no início da nova temporada europeia, Ronaldo sofreu uma grave contusão muscular e ficou sem jogar até novembro. Recuperado, não conseguia uma sequência de jogos, sempre importunado por pequenos problemas musculares. A história de Ronaldo no Milan terminou em fevereiro de 2008. Numa partida contra o Livorno, teve um novo rompimento de tendão patelar, só que agora no joelho esquerdo. Com 31 anos de idade, mais uma vez a sequência da carreira de Ronaldo foi colocada em xeque. Durante a sua recuperação, terminou o contrato com o Milan e não houve interesse das partes em renovar. No Milan, foram apenas 15 jogos, nove gols marcados.

Volta ao Brasil: Corinthians

Mais uma vez Ronaldo procurou o francês Gérard Saillant para uma nova cirurgia delicada. Outra vez a rotina dos exercícios de fisioterapia e a incerteza se voltaria a jogar futebol.

E, se voltasse, se jogaria em alto nível. A recuperação foi um pouco mais rápida. Em setembro, sete meses após a cirurgia, já participava de treinos com os jogadores do Flamengo, no Rio de Janeiro. Torcedor do clube desde criança, chegou a aventar a possibilidade de atuar na equipe quando estivesse liberado. No entanto, o clube carioca demorou a tomar uma iniciativa e foi surpreendido pelo Corinthians, que em dezembro anunciou a contratação do atacante para a temporada seguinte.

Ainda em recuperação, Ronaldo só estreou no clube paulista em março de 2008, num jogo no interior de Goiás, contra o Itumbiara, pela Copa do Brasil. No jogo seguinte, pelo Campeonato Paulista, Ronaldo entrou no segundo tempo do clássico contra o Palmeiras e conseguiu o gol de empate aos 47 minutos do segundo tempo. Também pelo estadual, contra o São Caetano, pela primeira vez foi titular e marcou mais um gol.

Com o Corinthians, Ronaldo conquistou o Campeonato Paulista de 2009 sem perder nenhuma partida – e fez gols decisivos em todos os clássicos e nas semifinais (contra o São Paulo) e na final (contra o Santos). Marcou oito gols no Paulistão, contra 16 do artilheiro Pedrão (Barueri), mesmo tendo estreado na competição apenas na metade da fase de classificação. Ainda no primeiro semestre de 2009, conquistou a Copa do Brasil, primeiro título em nível nacional do atacante. Mais uma vez foi decisivo nas partidas mais importantes, principalmente na semifinal contra o Vasco da Gama e na final contra o Internacional. No Campeonato Brasileiro, o Corinthians, depois de negociar muitos jogadores importantes, fez uma campanha apenas mediana. Ronaldo não pôde jogar por dois meses por causa de uma fratura na mão. Fez 12 gols, sete a menos que os artilheiros Adriano (Flamengo) e Diego Tardelli (Atlético Mineiro) – o clube terminou em décimo lugar.

Para 2010, ano do centenário do Corinthians, Ronaldo iniciou a temporada com o desafio de tentar levar o clube à conquista, pela primeira vez, da Taça Libertadores da América.

ENTREVISTA
CARLOS ALBERTO PARREIRA

"Tinha uma tranquilidade para finalizar que era impressionante."

Carlos Alberto Parreira foi o primeiro técnico a convocar Ronaldo para a seleção brasileira. Foi no segundo semestre de 1993, durante a preparação final para a Copa do Mundo dos Estados Unidos, em um amistoso contra o México. Mas o centroavante não jogou. Só entrou em campo com a camisa verde amarela no segundo tempo de uma partida contra a Argentina, no Estádio do Arruda, em Recife, em 1994. O Brasil já vencia por 2 a 0, dois gols de Bebeto – a quem ele substituiu. No dia 4 de maio, num amistoso contra a Islândia, em Florianópolis, pela primeira vez atuou como titular no ataque da seleção, ao lado de Viola: o Brasil venceu por 3 a 0 e Ronaldo, à época ainda chamado de Ronaldinho, fez o seu primeiro gol pela seleção.

Quando saiu a lista final dos jogadores que disputariam o Mundial, lá estava o nome dele entre os 23 de Carlos Alberto Parreira. Tinha pouco mais de 17 anos. Foi para o Mundial, mas não chegou a entrar em campo – estava mais para tiete das estrelas da equipe. Disputou também a Copa de 1998 sob o comando de Zagallo, foi campeão mundial e artilheiro em 2002 com a direção de Luiz Felipe Scolari e reencontrou-se com Parreira no Mundial de 2006, na Alemanha. Doze anos depois, o jogador que havia impressionado o técnico a ponto de ir à Copa dos Estados Unidos ainda adolescente, causou a decepção de chegar para a competição muito acima do peso e fora de forma.

Mesmo assim, marcou três gols em cinco jogos daquele Mundial e transformou-se no maior artilheiro da história das Copas, com 15 gols.

Quando Ronaldo chamou sua atenção pela primeira vez?
Foi numa seleção brasileira sub-17. Nós vimos ele fazer dois gols num jogo, já parecia ser diferente. Mas não dá para dizer que chamou a atenção. Depois encontrei com ele uma vez na Granja Comary [concentração da seleção brasileira], quando uma equipe de base estava treinando lá e eu e o Zagallo fomos chamados para fazer uma palestra para os garotos, para incentivá-los, motivá-los. Lembro de que Ronaldo nos foi apresentado, com aquele jeitão dele de garotinho, cheio de espinhas no rosto, com aqueles dentões separados. Ainda muito tímido. Nessa época não chegamos a vê-lo treinar, jogar, nada.

E quando percebeu que ele seria um jogador para ser observado para a seleção?
Foi em 1993, quando ele apareceu no time principal do Cruzeiro, fazendo gols de tudo quanto era jeito. Ficou muito marcado aquele gol no Mineirão, contra o Rodolfo Rodriguez. Um jogador qualquer não tem aquela percepção, aquela rapidez de raciocínio para tirar a bola do goleiro e fazer o gol. Então, no começo de 1994, resolvemos chamar o Ronaldo para dois amistosos, contra Islândia e Argentina. [Ronaldo já havia sido convocado em 1993 para dois jogos, contra Alemanha e México, mas não chegou a atuar.] Na partida contra a Islândia ele, inclusive, fez gol. Ali decidimos que ele estaria no grupo da Copa do Mundo.

Não ficou com medo de chamar um garoto de apenas 17 anos para uma competição tão importante?
De jeito nenhum. Ele já se mostrava um jogador acima da média, como o Pelé, que foi para a Copa com 17 anos. Claro que não dá para chamar qualquer um com essa idade, tem que ser especial. Estava claro para nós que ele era assim. Chamamos com convicção de que ele poderia jogar no Mundial.

Havia algo no jogo que impressionava mais, que chamava a atenção?
Acho que a primeira coisa era a habilidade. Além disso, ele tinha uma tranquilidade para finalizar dentro da área que sempre foi impressionante. Aquele enfrentamento do goleiro. Muitos jogadores entram na área e na hora que ficam de frente para o goleiro não sabem o que fazer, ou fecham o olho e dão um chutão. Ele, não. Sempre sabe como resolver a jogada, como decidir em fração de segundo. Além disso, a velocidade, aquela arrancada em direção ao gol.

Parreira e Ronaldo juntos na seleção: título em 1994, fracasso em 2006.

Mano Menezes, técnico dele no Corinthians, disse que nunca viu alguém finalizar como ele.
Pois é, é o que estou dizendo. Dá impressão que nem tem goleiro quando ele entra na área, tal a facilidade que ele tem para fazer o gol. Ele é absolutamente preciso, diferente dos demais.

Por que então ele não jogou nem um minuto na Copa dos Estados Unidos?
Porque na Copa do Mundo não dá para fazer teste. Quando chegamos lá, ele não teve o desenvolvimento que esperávamos. Parecia um pouco deslumbrado de estar ao lado do Romário, do Bebeto. Queria tirar fotos, pedir autógrafos. O Romário até brincava, pedindo para tirarem aquele garoto chato de perto dele. Não o levamos apenas para fazer parte do grupo, ele estava em condição de jogar, mas os demais atacantes mostraram mais serviço do que ele nos treinos.

Na final, entrou Viola e não o Ronaldo. Por quê?
Porque o Viola era sempre o melhor nos treinos, estava numa forma física exuberante. Nós até lamentávamos não poder colocá-lo para jogar, porque o Bebeto e o Romário estavam no auge das carreiras. Tinha alguns amigos nos Estados Unidos que trabalhavam em equipes de futebol e eles traziam esses times para enfrentar a seleção nos coletivos. Era para manter o ritmo de competição. O Viola arrebentava nesses treinos, por isso preferimos colocá-lo na final com a Itália.

Dava para imaginar que Ronaldo seria um dos maiores atacantes de todos os tempos?
Não, isso não. Claro que percebíamos que ele seria um dos maiores atacantes do mundo naquele tempo, mas daí a imaginar que ele seria um dos grandes de todos os tempos…

Nas contusões que ele teve no joelho, acreditou que ele poderia jogar em alto rendimento?

Realmente, não. Em minha opinião, ele teve sorte de ter procurado um especialista como aquele francês que o operou, o Gérard Saillant, que fez um trabalho realmente espetacular. O próprio José Luiz Runco, o médico da seleção, também um especialista em cirurgias de joelho, me disse depois de examinar o Ronaldo, quando ele voltou, que o joelho dele tinha ficado novo, de tão perfeita que tinha sido a cirurgia. E claro que teve toda a dedicação no processo de recuperação, o trabalho de fisioterapia para conseguir voltar em alto nível. Mas não deixou de ser uma grande surpresa ele ter voltado tão bem e ter conquistado as coisas que conquistou depois daquilo.

Na Copa de 2002, ele teve um ressurgimento impressionante, sendo artilheiro daquele Mundial. Como analisa essa volta?

Na verdade, acreditava que ele ia voltar a jogar, que disputaria a Copa, mas não que ele pudesse ser o artilheiro e um dos destaques daquele Mundial, ao lado do Rivaldo. O Felipão apostou nele e no Rivaldo – os dois quase não tinham jogado antes da Copa. O Ronaldo vinha de recuperação da cirurgia e o preparador físico do Barcelona chegou a dizer que Rivaldo não tinha condições para ir à Copa. Lembro que o Ronaldo só chegou a jogar alguns minutos, numa das últimas partidas de preparação. Mas os dois chegaram bem ao Mundial e conseguiram levar o Brasil àquela conquista. E tem uma explicação para isso também. Eles chegaram inteiros, muito melhor fisicamente do que os outros. Claro que não se sabia se o Ronaldo jogaria em alto nível, mas de alguém como ele você pode esperar qualquer coisa.

Na Copa de 2006, ele se apresentou fora de forma. Foi uma decepção?

Muitas coisas decepcionaram naquele Mundial, claro que um jogador chegar com 5,6 kg acima do peso é uma delas. O Ronaldo chegou lá com 101 kg. Outros também estavam fora de forma. O problema é que quando você faz a convocação, tem que apresentar a lista para a Fifa e não pode mais mudar, a menos que seja provada uma contusão que não pode ser recuperada. Fomos surpreendidos e não havia o que fazer. E tivemos que pôr o Ronaldo, porque mesmo fora de forma ele é diferente, como está mostrando no Corinthians. Tínhamos o Fred, o Robinho, mas não era a mesma coisa.

Faltou um acompanhamento melhor?
Um ano é muita coisa, antes de uma Copa do Mundo. Nós tínhamos ganhado a Copa das Confederações, a Copa América, o time estava muito bem. Mas no ano da Copa, fizemos apenas um jogo, em Moscou, ganhamos da Rússia num frio de 20 graus abaixo de zero. Depois daquele encontro, só estivemos com os jogadores no início de preparação final. E aí não tinha mais como mudar a lista.

E o ressurgimento no Corinthians?
Pois é, o Ronaldo é um jogador tão especial, que mesmo sem estar na melhor forma, já não tendo mais aquela velocidade de antigamente, ele consegue nos surpreender. E nós passamos a observar nele qualidades que antes não percebíamos. Hoje dá para notar como ele tem um passe espetacular, como tem visão de jogo, como se coloca como poucos na grande área. Os lançamentos que ele tem feito para os companheiros. É um jogador extraordinário.

Bibliografia

Livros

ANDRADE, Eduardo Gonçalves de. *Tostão – lembranças, opiniões, reflexões sobre futebol*. São Paulo: DBA, 1997.

ASSUMPÇÃO, João Carlos; GOUSSINSKY, Eugênio. *Deuses da bola – Histórias da seleção brasileira de futebol*. São Paulo: DBA, 1998.

BOHADANA, Abraham. *O Expresso da Vitória – uma história do fabuloso Club de Regatas Vasco da Gama*. s.l.: s.n., 1997.

CALDEIRA, Jorge. *Ronaldo – glória e drama no futebol globalizado*. São Paulo: Editora 34, 2002.

CASTRO, Ruy. *Estrela Solitária – um brasileiro chamado Garrincha*. São Paulo: Companhia das Letras, 1995.

DUARTE, Orlando. *Enciclopédia – todas as Copas do Mundo*. São Paulo: Makron Books, 2001.

HEIZER, Teixeira. *O jogo bruto das Copas do Mundo*. Rio de Janeiro: Mauad, 1997.

LEITE, Milton. *As melhores seleções brasileiras de todos os tempos*. São Paulo: Contexto, 2010.

MORAES, Marcus Vinícius Rezende de. *Romário*. Rio de Janeiro: Altadena, 2009.

NORIEGA, Maurício. *Os 11 maiores técnicos do futebol brasileiro*. São Paulo: Contexto, 2009.

RIBEIRO, André. *O Diamante eterno – Biografia de Leônidas da Silva*. Rio de Janeiro: Gryphus, 1999.

RIBEIRO, Péris. *Didi – o gênio da folha seca*. Rio de Janeiro: Gryphus, 2009.

Sites consultados

"A renovação do plantel e uma nova tática". Disponível em: <http://www.netvasco.com.br/mauroprais/vasco/histor4.html>. Acesso em 11/3/2010.

"A trajetória de Ronaldo, o 'Fenômeno'". Disponível em: <http://www.estadao.com.br/especiais/a-trajetoria-de-ronaldo-o-fenomeno,12551.htm>. Acesso em 11/3/2010.

"Ademir de Menezes". Disponível em: <www.meusport.com/sport/ademir_de_menezes>. Acesso em 11/03/2010.

"Espanha 1982 – a força supera a arte". Disponível em: <http://copadomundo.uol.com.br/2010/historia-das-copas/1982-espanha/frases/>. Acesso em 11/3/2010.

"Fenômeno da velocidade". Disponível em: <http://jbonline.terra.com.br/esportes/ronaldo.html>. Acesso em 11/3/2010.

FLAMENGO. Disponível em: <http://www.flamengo.com.br>. Acesso em 11/2/2010.

"Maradona". Disponível em: <http://veja.abril.com.br/cronologia/maradona/index.html>. Acesso em 11/3/2010.

"Ronaldo, uma carreira marcada por lesões, reviravoltas e glórias". Disponível em: <http://esporte.ig.com.br/futebol/2009/03/09/ronaldo+uma+carreira+marcada+por+glorias+e+principalmente+contusoes+4630927.html>. Acesso em 11/3/2010.

RONALDO. Disponível em http://www.ronaldo.com. Acesso em 11/3/2010.

SANTOS FUTEBOL CLUBE. Disponível em: <http://santos.globo.com>

"Uma estrela que esperou para nascer". Disponível em: <http://198.106.40.166/tuneldotempo/20070224.htm>. Acesso em 11/3/2010.

VASCO DA GAMA. Disponível em: <http://www.crvascodagama.com>. Acesso em 11/3/2010.

"Vavá". Disponível em: <http://www.meusport.com/sport/Vava/>. Acesso em 11/3/2010.

"Vavá, o peito de aço". Disponível em: <http://vasconauta.futblog.com.br/r1576/Idolos/>. Acesso em 11/3/2010.

"Vavá". Disponível em: <http://sovascodagama.blogspot.com/2008/06/vav.html>. Acesso em 11/3/2010.

"Um baile no campeão europeu". Disponível em: <http://www.netvasco.com.br/mauroprais/vasco/jogoes57.html>. 11/3/2010.

Programa de TV

BOLA DA VEZ ESPECIAL: JOSÉ ALTAFINI (MAZZOLA). Produção de ESPN-Brasil, fevereiro de 2010.

O autor

Milton Leite é jornalista profissional desde 1978. Atuou em rádios e jornais de Jundiaí no início da carreira, antes de transferir-se para São Paulo, onde trabalhou nos Jornais *O Estado de S. Paulo* e *Jornal da Tarde*. Foi apresentador de programa de variedades na Rádio Jovem Pan AM e diretor de redação da Rádio Eldorado AM. Como narrador esportivo atuou durante dez anos na ESPN-Brasil e desde 2005 é contratado do SporTV/ TV Globo. Esteve nas Copas do Mundo de 1998 e 2006, e nas Olimpíadas de 2000, 2004 e 2008.

GRÁFICA PAYM
Tel. (011) 4392-3344
paym@terra.com.br